本著作由国家社会科学□
就地城镇化的理论、实践□

我国农业转移人口
就地城镇化的
理论、实践与政策研究

WOGUO NONGYE ZHUANYI RENKOU
JIUDI CHENGZHENHUA DE
LILUN SHIJIAN YU ZHENGCE YANJIU

黄文秀 杨卫忠 等\著

中国财经出版传媒集团
经济科学出版社
Economic Science Press

图书在版编目（CIP）数据

我国农业转移人口就地城镇化的理论、实践与政策研究/
黄文秀等著.—北京：经济科学出版社，2018.12
ISBN 978 – 7 – 5218 – 0085 – 2

Ⅰ.①我… Ⅱ.①黄… Ⅲ.①农业人口 – 城市化 –
研究 – 中国 Ⅳ.①C924.24 ②F299.21

中国版本图书馆 CIP 数据核字（2018）第 289859 号

责任编辑：周胜婷
责任校对：王肖楠
责任印制：邱　天

我国农业转移人口就地城镇化的理论、实践与政策研究
黄文秀　杨卫忠　等著
经济科学出版社出版、发行　新华书店经销
社址：北京市海淀区阜成路甲 28 号　邮编：100142
总编部电话：010 – 88191217　发行部电话：010 – 88191522
网址：www. esp. com. cn
电子邮件：esp@ esp. com. cn
天猫网店：经济科学出版社旗舰店
网址：http：//jjkxcbs. tmall. com
北京季蜂印刷有限公司印装
710 × 1000　16 开　13.25 印张　220000 字
2018 年 12 月第 1 版　2018 年 12 月第 1 次印刷
ISBN 978 – 7 – 5218 – 0085 – 2　定价：66.00 元
（图书出现印装问题，本社负责调换。电话：010 – 88191510）
（版权所有　侵权必究　打击盗版　举报热线：010 – 88191661
QQ：2242791300　营销中心电话：010 – 88191537
电子邮箱：dbts@ esp. com. cn）

序

自改革开放以来，中国城镇化取得了举世瞩目的成绩，城镇化率从 1978 年的 17.9% 提高到 2017 年的 58.5%，被斯蒂格利茨认为是 21 世纪世界经济发展的两大引擎之一。然而，我国城镇化进程快速推进的背后也出现了一些问题：在城镇近 8 亿人口中，超过 2 亿人既没有城镇户籍，也享受不到与城镇居民一样的教育、医疗、住房和社会保障等公共服务；大中城市出现高地价高房价、交通拥堵、环境污染等"城市病"，而中小城镇却发展滞后，农村存在"空心化"等问题。因此，中国城镇化发展道路尽管极大地推动了中国城镇化或城市化进程，但面临诸多挑战。

面对城镇化发展中的矛盾与问题，我国城镇化战略适时作出了调整。2013 年党的十八届三中全会明确指出，要"坚持走中国特色新型城镇化道路，推进以人为核心的城镇化，推动大中小城市和小城镇协调发展、产业和城镇融合发展，促进城镇化和新农村建设协调推进"。2014 年李克强总理在政府工作报告中明确提出了要推进以人为核心的新型城镇化，着重解决"三个 1 亿人"问题，即促进约 1 亿农业转移人口落户城镇，改造约 1 亿人居住的城镇棚户区和城中村，引导约 1 亿人在中西部地区就近城镇化。2016 年中央一号文件再次聚焦新型城镇化问题，提出"大力发展特色县域经济和农村服务业，加快培育中小城市和特色小城镇，增强吸纳农业转移人口能力"。党的十九大报告提出要实施乡村振兴战略，建立健全城乡融合发展体制机制和政策体系，加快推进农业农村现代化；实施区域协调发展战略，以城市群为主体构建大中小城市和小城镇协调发展的城镇格局，加快农业转移人口市民化。这表明未来中国城镇化之路要努力走出一条避免"城市病""空心村"和大中小城镇协调发展的新路。这也意味着，发展中小城镇、推进农业转移人口就地城镇化已成为我国新型城镇化建设的重要战略。

本书着重对农业转移人口就地城镇化的以下方面进行了探究：第一，从地理空间和体制空间两个维度界定了就地城镇化概念，归纳其内涵，分析其特征，辨析就地城镇化与异地城镇化、传统城镇化、新型城镇化等概念的区别与联系，并从经济、政治、文化、社会、生态五个方面建立农业转移人口就地城镇化评价指标体系。第二，梳理了我国就地城镇化总体状况，研究了若干地区就地城镇化实践案例（浙江省嘉兴市海盐县，浙江省温州市苍南县龙港镇，陕西省西安市高陵区，河南省郑州市新郑市等），并提出了就地城镇化的不同模式。第三，构建了农业转移人口就地城镇化的迁移决策与满意度模型，从户籍制度、社会保障、乡土情结、就业谋生、融入城镇、土地流转补偿、民主政治权利和生态环境变化等方面考察分析了农业转移人口对就地城镇化迁移决策与满意度的认知、接受度及其影响因素，为就地城镇化提供实践依据。第四，构建了就地城镇化的动力机制理论模型，将就地城镇化的动力分为经济动力、政治动力、文化动力、社会动力、生态动力，分析了就地城镇化进程中地方政府的行为。第五，系统阐述了就地城镇化理论、实践规律特征及经验，从破除跨区域基本公共服务、产权制度等体制障碍、培育地方特色产业等方面入手，提出了推进就地城镇化的思路与政策建议。

本书的结论是以新型城镇化理论为基础，在深入实际开展调查研究的基础上得出的，对全面实施乡村振兴战略和区域协调发展战略，促进我国农业转移人口就地转移和市民化，实现城乡协调发展、大中小城市和小城镇协调发展，具有重要参考价值。

目　　录

第 1 章

就地城镇化基本理论

1.1　问题的提出

城镇化是我国过去三十多年经济发展的必然结果，今后也将对我国经济社会发展产生深远的影响。改革开放以来，中国经历了史无前例的城镇化过程，城镇化率已由 1978 年的 17.9% 提高到 2017 年的 58.5%[①]。然而，中国城镇化快速发展的背后也暴露出不少问题，特别是由于农业转移人口大规模异地转移所带来的问题已非常突出。第一，区域间发展差距拉大。大规模异地城镇化使中西部地区大量人力资本较高的农业转移人口向东部发达地区流动，进一步扩大了区域间发展差距。第二，城市病问题突出。随着人口不断膨胀，大城市交通拥堵、住房紧张、环境污染等问题日益凸显（刘田喜、方亚飞，2013；孔令刚、程必定，2013；唐丽萍、梁丽，2015）。第三，市民化难度加大。人口城镇化滞后于土地城镇化（冷智花，2016；赵永平，2016）。农业转移人口向城市迁移面临户籍制度障碍，没有完全地融入城镇体系，是城市生活的过客（任远，2014）。异地城镇化模式下，由于地域之间文化差距较大，外地农业转移人口市民化的难度更大，"半城镇化""伪城镇化"（刘田喜、方亚飞，2013；刘文勇、杨光，2013）现象比较突出。第四，城乡差距扩大。传统异地

---

① 资料来自国家统计局网站 1978 年、2017 年度统计公报。

城镇化模式,不仅造成了流出地中小城镇发展滞后,农村劳动力过度和过快流失,还加速了流出地农村的凋敝,扩大了城乡发展差距。第五,社会问题突出。农业转移人口大规模跨地域迁移,出现了大量农村空巢老人、留守儿童、留守妇女,这些家庭为此付出了沉重的代价(辜胜阻,2015;唐丽萍、梁丽,2015)。

针对以往城镇化过程中出现的问题,学术界对传统的城镇化发展模式进行了总结和反思。学者们认识到,城镇化是经济发展过程中人类生产方式和生活方式改变的过程,城镇化过程中必将有大量的农业转移人口从农村向城镇迁移,因此中国的城镇化路径其核心是解决数量庞大的农民工的定位和去留问题(宋艳姣,2017),而中国的国情决定了部分农民必须就地城镇化(吴碧波、黄少安,2015),传统的城镇化模式无法解决所有农民的就业问题。《国家新型城镇化规划(2014—2020年)》指出,"以人的城镇化为核心,合理引导人口流动,有序推进农业转移人口市民化"。李克强总理在2014年政府工作报告中明确提出了要推进以人为核心的新型城镇化,着重解决"三个1亿人"问题[1]。以"人为核心的城镇化"是对"规模城镇化"的深刻反思(江波,2017)。新型城镇化的模式和实现途径是城镇化过程中必须回答的现实问题,城镇化必须由非均衡的发展模式向均衡的发展模式转型、由外延式的发展模式向内涵式的发展模式转型、由半城镇化的发展模式向完全城镇化的发展模式转型。2015年的政府工作报告再次聚焦城镇化问题,并提出"控制超大城市人口规模,提升地级市、县城和中心镇产业和人口承载能力,方便农民就近城镇化"[2]。2016年,习近平总书记强调城镇化要"以人的城镇化为核心","更加注重提升人民群众获得感和幸福感"[3]。2016年2月,国务院印发《关于深入推进新型城镇化建设的若干意见》,意见中提出着力解决好"三个1亿人"城镇化问题。这意味着我国新型城镇化发展思路更加清晰,就地城镇化已经成为我国新型城镇化建设的重要战略。

---

① 资料来源:2014年李克强在第十二届全国人民代表大会第二次会议上作的政府工作报告. 中国政府网(http://www.gov.cn/),2014-3-5.

② 资料来源:2015年李克强在第十二届全国人民代表大会第三次会议上作的政府工作报告. 中国政府网(http://www.gov.cn/),2015-3-5.

③ 资料来源:习近平. 新型城镇化要坚持五大理念. 新华每日电讯,2016-2-24.

近年来，就地城镇化发展模式受到不少学者的认同。越来越多的学者认识到，就地城镇化对于我国城镇化发展具有十分重要的意义。从现有文献看，有关就地城镇化发展模式的意义主要表现在以下几个方面。

（1）就地城镇化是有中国特色的城镇化发展模式，符合中国国情（马庆斌，2011；胡小武，2011；胡宝荣、李强，2014；张本效、郑杭生，2014；王景全，2014）。

（2）就地城镇化是有别于异地城镇化的城镇化发展道路（辜胜阻，2009），有利于缓解"城市病"（焦晓云，2015；刘波等，2015）和"农村病"。以村镇融合为特色的就地城镇化可以实现城镇化和农村发展的双赢（潘素梅、周立，2014）。就地城镇化促进城镇化、工业化与农业现代化协调发展，从根本上解决"三农"问题（张国玉，2014）。

（3）就地城镇化有利于城乡一体化和城乡统筹发展（李强等，2016；潘海生、曹小锋，2010；刘波等，2015）。就地城镇化使农业转移人口逐渐向城镇人口转变，将大大改善我国的城乡二元结构矛盾（潘海生、曹小锋，2010；胡小武，2011；胡恒钊、文丽娟，2015）。

（4）就地城镇化解决农业转移人口"半城市化问题"（焦晓云，2015），就地实现农业转移人口完全城市化。

（5）以县域经济为统筹、中小城镇和中心村镇为载体的就地城镇化更有利于城镇化的均衡发展（山东社会科学院省情研究中心课题组，2014）。就地城镇化更具有经济社会效益（孙玉玲、王明亮，2014；李健，2016）。

（6）就地城镇化有利于缩小区域发展差距，实现东部和中西部协调发展（辜胜阻等，2014；李强等，2015）。

综上所述，就地城镇化是我国城镇化发展中出现的新术语，已经引起政府和学术界的广泛关注，前期已有一定的研究基础。但总体而言，尚存在以下不足：对就地城镇化的研究更多的是从实践层面总结经验和做法，缺乏比较清晰和成熟的理论分析框架，理论研究滞后于丰富、生动的实践；对就地城镇化的内涵尚未进行比较科学的界定和详细的阐述，如就地的空间范围、就地城镇化的新型载体、价值追求等；尽管近年来学者对农村新社区的模式、问题、对策等方面有不少研究，但对于农村新社区建设与就地城镇化的关系等方面的研究则不够深入。在现有对城镇化的研究文献中，基本采用城乡二元分析框架，但用这种分析框架研究我国的城镇化问题难免会出现偏差。实际上，城乡二元分析框架是在总结西方发达国家城镇化历史的基础上形成的，该理论所依据的经济发展条件已经发生了很大的变化，如交通设施、通信技术等。现代交通和通信技术特别是互联网的发展对传统的城镇化发展模式产生了前所未有的挑战与冲击，很多经济活动无须在城市中才能实现。传统的二元分析框架将城乡划分为两个截然不同的部分，乡村只有传统的农业部门，城市被等同于现代非农业部门，城市化是乡村剩余劳动力向城市迁移的过程。这种简单的二元分析框架也受到一些学者的质疑（盖文·琼斯，1983；朱宇，2001）。二元分析框架忽视了农村本身转变为城市在城市化中的作用（朱宇，2001）。因此，沿用该分析框架研究我国城镇化问题可能会产生偏差。朱宇（1998，1999，2004，2006）最早关注了这一问题并提出就地城镇化概念，还以福建就地城镇化现象为案例研究其发展规律。朱宇指出，就地城镇化是指我国乡村地区出现了大量聚落和人口没有通过大规模的空间转移和重组而实现了向城镇或准城镇类型转化的现象。麦吉和金斯伯格（McGee and Ginsburg）所提出的"聚落转变"概念涉及了就地城镇化概念，对就地城镇化研究有重要参考价值。T. G. 麦吉（1991）提出的"聚落转型"（settlement transition）概念对于我国就地城镇化研究也有重要启发意义。本书以就地城镇化为研究对象，试图揭示其发展规律、影响因素，分析其动力机制、实践特征，进而提出针对性的对策建议。

1.2 就地城镇化内涵

传统城镇化表现为大量农业转移人口向城镇空间迁移，其本质特征是农民职业非农化、生活方式城市化和思想观念现代化（潘海生、曹小锋，2010），涉及产业结构、社会结构、就业结构、文化结构的重构，这是十分复杂的经济、社会、文化过程。就地城镇化理论内涵主要包含以下几个方面。

第一，迁移距离。农业转移人口迁移距离是区别异地城镇化和就地城镇化的关键。从广义上讲，"就地"指农业转移人口的原住地和"就近"地（吴碧波、黄少安，2015），包括原住地，而不限于原住地，大体应在本乡镇、本县范围内或临近乡镇或临县范围，迁移的目的地包括中心镇、小城镇或新型农村社区（胡宝荣、李强，2014）。现有研究文献中，大多学者把"就地"界定在县域范围（辜胜阻等，2009；朱宇等，2012；胡宝荣、李强，2014；张国玉，2014；卢红等，2014），"就近"界定在以地级市和县级城镇（李强等，2015）。也有学者认为应以中心村或小城镇为依托发展新城镇（焦晓云，2015；马庆斌，2011），这样"就地"的半径就更小，有学者甚至认为"就地"指原有的居住地，原自然村、行政村和合村并点而组成的新社区（梁洁，2014）。新型农村社区是否属于就地城镇化的一种形态（或称可行模式），或者说是一种过渡形态，学者们有不同的解读。有些研究者认为新型农村社区是就地城镇化的组成部分（厉以宁，2013；胡宝荣、李强，2014），新型社区建设的本质是推进农村就地城镇化（王景全，2014），就地城镇化是全域城镇化，其梯次末端是农村新社区，农村新社区是推进就地城镇化的切入点和载体（梁昊，2013；李志忠，2015；刘田喜、方亚飞，2013）。也有些研究者认为在人口结构、产业结构和地理景观上形成城镇和农村的过渡地带，就是乡村半城市化地区（李玉红，2017）。乡村半城市化（魏后凯，1994；贾若祥、刘毅，2002；郑艳婷等，2003；朱青等，2006；李玉红，2017）是就地城镇化进程中需要认真对待的问题。集中居住是城镇化的重要状态，就地城镇化要求集中居住，不是原先分散居住状态，也不是 20 世纪 80 年代乡镇企业兴起所带来的"离土不离乡""进厂不进城"的"半城镇化"状态，而是实现"离土进镇""进厂进城"（胡小武，2011）。也有一些学者对农村新社区建设表示质疑。本书认为，农业转移人口"就近"转移应属于就地城镇化的概念范畴，就地城镇化所指的农业转移人口迁移距离不仅是行政区划上的县域范围，也应包括临县范围。

第二，价值追求[①]。就地城镇化体现了人的城镇化的思想，关注让更多的农业转移人口实现市民化，使他们在参与城镇化过程中有获得感和幸福感。人的城镇化的根本目的是人民的福利和幸福（任远，2014）。就地城镇化从多个方面就地满足农业转移人口生存和发展需求，促进更多的人实现全面发展。一

---

① 黄文秀，钱方明，杨卫忠. 就地城镇化还是要把人摆在核心位置［N］. 中国经济导报，2017 - 4 - 28.

是就地增加农业转移人口收入水平，增进他们的福利和幸福感。就地城镇化不仅能使农业转移人口在当地就业，还可盘活农村"沉睡的资产"，增加他们的财产性收入。就地城镇化促进小城镇繁荣与发展，带动农村集体经济发展，繁荣农村产权市场，促进农业转移人口收入可持续增长。二是让更多农业转移人口增加就地就业机会，增强他们自我发展能力。就地城镇化有利于人口集聚和产业集聚，通过产业部门扩张不断吸收农业转移人口，让弱势群体也能就地找到合适的工作。就地城镇化通过留住农业转移人口的"根"，吸引在异地城市中已经积累一定人力资本和资金的农业转移人员回乡创业，带动更多的农业转移人员就业。三是促进农业转移人口就地接受城市文明，促进思想观念现代化。费孝通早在 20 世纪 80 年代就提出，要深入考察从农业转移出来的农民工走出村子到小城镇做工的全过程，研究他们的社会地位、生活、工作和思想感情。农业转移人口依托中小城镇过上和城市人一样的生活，实质是农民职业非农化、生活方式城市化和思想观念现代化（潘海生、曹小锋，2010）。就地迁入城镇的农业转移人口能在比较熟悉的环境里融入城镇，比较从容地改变传统的生产生活方式，最终实现向市民化角色转型。就地迁入农村新社区的农业转移人口，通过居住环境的改变、社区教育培训、社区文化娱乐活动等方式逐渐改变传统的生产生活，不断向市民化角色转型。地方政府在推进就地城镇化进程中，通过完善和发展公共基础设施、公共事业，使就地就近居住的农业转移人口获得了更高的生活质量和幸福感水平。同时，对农业转移人口的教育培训的职责也比较明确，能比较系统地开展教育培训，但这在异地城镇化过程中往往比较难以做到。

就地城镇化尊重人的特性和人的本质，传承乡村文明特有的伦理道德和人文关怀。一是消解农业转移人口的乡愁问题。就地城镇化所体现的"田园城市"发展理念，能更好地解决异地城镇化导致的"现代性"与"乡愁"失衡问题。农民有浓厚的乡土观念，就地城镇化契合中国人故土难离的乡土情结（李强等，2016），就地城镇化能很好地满足他们这种朴素的愿望。小城镇的繁荣与发展有利于保护和发掘当地文化资源，培育区域性文化特质，构建农业转移人口愿意"扎根"的精神家园。二是满足农业转移人口社会需求。异地城镇化背景下，由于城市社会关系网络具有匿名性与非人情性，农业转移人口可能在短期内难以适应这种新的社会关系网络（康栋，2009）。农业剩余劳动力就地转移可以实现地缘文化不变，保留"熟人社区"生活的"城镇居住、非农就业"的人口城市化转移模式（胡小武，2011）。就地城镇化可以保留原有的社交圈，缓解他们焦虑的情绪，降低快速城镇化给农业转移人口带来的社会成本。三是让农业转移人口回归家庭。农业剩余劳动力就地转移可以解决异地城镇化模式所带来的家庭分离等社会问题，让农业转移人口回归家庭，老人和孩子不再孤独，共享城镇化成果。当然，这需要地方政府采取有效措施，推进传统农村社会结构向市民社会转型，让现代城市文明进入农村社区和家庭，最终实现人的城镇化。

第三，完全市民化[①]。就地城镇化体现城镇化的本质特征，即素质提升、生活方式改变等。人的素质提升包括文化素质、思想素质等方面跟上时代发展的步伐，适应现代文明对公民的要求。城镇化不仅是生产方式和生活方式不断现代化的过程（胡宝荣、李强，2014），更意味着文化，甚至信仰的改变（张元庆，2016）。新型城镇化不再以片面追求农民居住空间由乡村向城镇的转移，而是更加看重其生产生活方式的就地城镇化（杜荣华、范凌云，2017）。如果没有生产方式、生活方式的转变，即使"进城"也不叫城镇化（胡宝荣、李强，2014）。就地城镇化不是简单的城镇人口比例增加和城镇面积扩张，而是实现农业转移人口生产生活方式、社会保障、基本公共服务和竞争机会等方面与城镇居民同步，让更多的农业转移人口更加平等地参与城镇化，实现城镇化包容性发展。因此，农业转移人口对就近城镇化个体响应程度较高（蔡洁、夏显力，2016）。

就地城镇化促进农业转移人口市民化主要体现在三个方面。一是让农业转移人口更平等地参与城镇化，减弱城镇化给农业转移人口的冲击。一般而言，与城镇居民相比，农业转移人口人力资本和物质资本拥有量相对较少，在异地城镇化背景下这种社会资本的差距更大，他们在城镇就业市场竞争中相对于城市原居民处于不利地位。一些文化素质较好、劳动技能较强的农业转移人口能够较快融入城市现代职业体系，适应现代化城市生活，但一些文化素质不高、劳动技能较低的农业转移人口往往难以融入城市现代职业体系和城市生活。就

---

① 黄文秀，钱方明，杨卫忠. 就地城镇化还是要把人摆在核心位置［N］. 中国经济导报，2017 - 4 - 28.

地城镇化是整个家庭成员的流动和转移（吴业苗，2010），让工业技能较弱的农业转移人口在半工半农的职业模式中逐渐完成市民化过程，从在城镇短期居住向长期居住转变，逐渐在城镇建立起稳定的社会关系，最终完成市民化过程。这个过程相对较长，但对农业转移人口的冲击相对较小。而异地城镇化对农业转移人口产生的冲击较为强烈，特别是对年龄较大的农业转移人口来说这种冲击将更大。二是让农业转移人口更容易享受到与城镇原居民相同的权利，缩短市民化进程。传统异地城镇化背景下农业转移人口融入当地社会、制度和文化体系所构成的社会网络难度较大（李强，2011），他们享有与原居民相同权利的难度更大。地方政府在推进就地城镇化时更关注城乡医疗、教育等基本公共服务均等化，即使是农村新社区的居民也能获得类似市民一样的福利待遇，能较好地实现城乡空间正义（尹才祥，2016）。就地就近实现非农就业和市民化的城镇化模式（马庆斌，2011），有利于农业转移人口更好地享受城镇公共服务。有些地方在推进就地城镇化时对在深山区、滩区等生存条件比较恶劣地区的散居户进行整体搬迁，这既是反贫困的重要举措，也维护了社会公平正义。通过整体搬迁，原居住在恶劣地区的散居户的生存权和发展权得到维护，体现了中国城镇化的社会主义本质特征。三是有序推进农业转移人口城镇化，降低了农业转移人口市民化的心理成本。农业转移人口具有多样性群体的特点，如青年群体、中老年群体等，不同的群体有不同需求，对不同城镇化模式的适应性也不同。农业转移人口愿不愿意迁入城镇、何时迁入城镇、前往何地等，取决于每个个体的自身条件。就地城镇化给农业转移人口不同群体更多自由选择权。就地城镇化可以有效避免农业转移人口向城市盲目流动，每个个体可以根据自己的意愿选择合适的模式，有效消解城镇化给他们带来的焦虑与不安，降低市民化所带来的痛苦指数（吴业苗，2010）。

第四，城乡一体发展①。就地城镇化在城镇化发展的同时也使得城与乡的空间关系更加协调合理，缩小城乡之间发展的不平衡性，实现城乡关系更协调发展。孟翔飞（2010）认为，城乡一体化是中国城镇化的本质。这是由中国国情决定的城镇化的特征。

---

① 黄文秀，钱方明，杨卫忠. 就地城镇化还是要把人摆在核心位置［N］. 中国经济导报，2017 – 4 – 28.

　　就地城镇化模式下地方政府更能统筹城乡发展，促进城乡联动发展、一体发展。一是就地城镇化促进城乡规划一体化，实现城乡共同发展。就地城镇化有利于地方政府更加自觉统筹城乡发展规划，把农村发展纳入城镇化战略，实现区域整体开发而不是某个增长极的发展。如河南省把建设新型农村社区推进农村就地城镇化纳入全省城镇化战略（王景全，2014），陕西省在全省小城镇体系建设中注重规划和基础设施财政投入（屈志勇等，2012）。二是促进城乡合理分工，实现城乡联动发展。就地城镇化有利于城乡依托各自资源禀赋优势，形成大中城市与小城镇、小城镇与村组之间的合理分工，促进资源在区域内的合理配置。就地城镇化打破了农村经济相对封闭的状态，通过建立与大中城市的产业分工激发农村发展动力，通过县域范围内小城镇建设，培育农村经济新增长极。小城镇特色产业的发展，特别是适度劳动密集型产业的发展，促进农业转移人口就地就业，防止城市化进程中"拉美陷阱"的出现，如浙江省通过全面启动特色小镇建设，促进小城镇特色发展和美丽乡村建设，较好地解决了农业转移人口的就业问题。三是推动城镇化、工业化、农业现代化、信息化四化同步发展，促进第一、第二、第三产业联动发展。小城镇是城乡一体化的关键节点、城乡市场的连接点，也是实现小康社会的基石。就地城镇化有利于集聚人口和产业、留住农村精英，促使工业化、城镇化、信息化和农业现代化同步发展。

　　就地城镇化以城乡人员流动为基础，带动城乡要素市场和产品市场融合，进而促进城乡空间融合、产业融合和文化融合。一是有利于促进城乡空间融合。麦吉"灰色区域"（desakota）理论提出了发展中国家城镇化道路的新模式，可以有效解释就地城镇化的演进过程。一些新兴的小城镇类似麦吉提出的"灰色区域"，是城市和农村各种要素高度混合区，瓦解了传统的"农村—农业—农民"体系，使界限清晰、稳定的城乡居落组织变得模糊（胡必亮，1993）。近年来兴起的农村新社区是中国城镇化的一项创新（厉以宁，2013），降低了农业转移人口城镇化的进入"门槛"，促进城乡空间有机融合。就地城镇化有利于促进城乡生态系统共建、共享，在空间上实现生态环境共融发展。二是城乡产业融合发展。就地城镇化必须有产业支撑，没有产业支撑的城镇化是不可持续的。缺乏产业支撑的城镇化无法解决农业转移人口的就业问题，也就无法提高农业转移人口的收入水平，农业转移人口就无法共享城镇化的成果。就地城镇化需要发展更高收入弹性的新产业，创造更多就业机会，使更多农业转移人口分享到经济增长所带来的实惠。小城镇是城市空间的延伸，是城市产业部门向农村扩展的载体。小城镇特色产业的发展会带动农业进入都市圈甚至更广的市场范围，促进农业专业化、产业化。就地城镇化促进从第一产业向第二、第三产业延伸，上下延伸价值链（刘文勇、杨光，2013），实现产业结构转型。城镇化具有人口、产业、交通、生活方式等多方面的特征，而城镇化的本质是人口和产业的集聚现象（李玉红，2017）。城镇化的实质是人口城镇化，须以工业和实业为支撑（潘成华，2016）。费孝通最早洞察到乡镇工业发展对小城镇发展的关键作用①。就地城镇化能否成功的关键是能否进入更大范围的城市圈体系，有明确的城镇分工定位，参与城市圈经济产业循环。就地城镇化有利于涵养农业、农村发展的先进要素，环境优美、干净整洁的小城镇生活环境能吸引高水平农业技术人员，为农业发展注入新的活力。现代农业的发展为工业化提供新的支撑，促进了第一、第二、第三产业的有机融合。三是城乡文化融合发展。就地城镇化能最大限度地保持乡村历史记忆，传承优秀文化传统，推进区域文化创新发展。就地城镇化有利于推进特色小城镇建设，"一镇一品"的"集体记忆"和城镇的"地点精神"丰富了城镇文化内容（张鸿雁，2014）。农业转移人口就地城镇化能有效防止农村凋敝，有效保护农村建筑等物化的和文化的符号。这些农村建筑和传统文化的保护和开放，也有利于发展休闲旅游和文化旅游，促进乡村文化资源与城市文化资源的有机融合（朱岚，2013）。

就地城镇化致力于城乡居民社会福利的一致性，促进城乡基本公共设施和公共服务一体化。就地城镇化使社会公共服务合理配置，改变过去社会公共服务过高地集中在大城市的现象，促进区域、城乡协调发展。市民化的本质是让城镇常住人口享有平等的公共服务（彭荣胜，2016），不仅实现农业转移人口从农村向城镇的迁移，完成生产方式和生活方式向市民化转变，还应使他们享受与城镇居民同样的福利待遇。一是促进基础公共设施一体化。就地城镇化通过在农业转移人口集中居住地建设公共设施，将城市公共基础设施延伸至农村新社区，满足农业转移人口对分享城市文明的发展成果方面的急切的需求和热切的期盼（张本效、郑杭生，2014）。农业转移人口居住在农村新社区，就能

---

① 费孝通. 城镇大问题之三：社队工业的发展与小城镇的兴盛 [J]. 瞭望周刊，1984 (4)：11-13.

够享受与城市一样的生活。这也是欧洲小城镇建设的重要模式（潘素梅、周立，2014）。二是促进教育、医疗等基本公共服务一体化。就地城镇化模式下，城市优质教育、医疗资源向农村流动的条件更好，小城镇较好的生活居住条件更容易吸引人才流动。实践中，有些地方通过"教育集团化""医疗集团化"等形式推进城乡教育、医疗资源一体化，使农村居民享受城市公共服务，实现"乡村的都市化生活"。三是促进就业市场一体化。就地城镇化有利于推进城乡劳动力市场对接融合，使农业转移人口享受与城镇居民一体化的就业服务，如就业信息、就业培训、就业指导等。

综上所述，就地城镇化有丰富的内涵，符合我国新型城镇化发展要求。但应该指出，就地城镇化并不是新型城镇化的唯一模式，需要具备一定的自然、区位、交通、产业等条件，关键是要有良好的产业发展机制，形成良好产业发展氛围，充分吸收农业转移人口，实现农业转移人口就地就业。

1.3　就地城镇化模式特征

中国各区域间有明显的经济发展阶段差异，自然禀赋、区位条件、历史文化等也有明显不同，就地城镇化模式也因此有多种类型。研究不同就地城镇化模式，对于深化就地城镇化的认识，探索多元化的城镇化发展道路具有重要意义。我国地域辽阔，各地经济发展阶段也有较大的差异，就地城镇化发展模式也不可能采用单一模式。现有研究文献从多个视角总结就地城镇化发展模式，对于理解我国就地城镇化发展现状有重要意义。胡宝荣、李强（2014）从空间视角将就地城镇化划分为城乡接合部的就地城镇化（这类区域就地城镇化可以采用"就地上楼"的形式，这类城镇化比较容易实现）、县域范围的就地城镇化、中心集镇的就地城镇化、新型农村社区的就地城镇化四种就地城镇化模式。李强（2014）从城镇化动力视角将就地城镇化划分为主动城镇化和被动城镇化。从动力机制角度可以分为大城市近郊乡村的城镇化、地方精英带动的村庄城镇化和外部资源注入的乡村城镇化（李强等，2016）。从省级层面探讨就地城镇化模式的有：山东发展模式（山东社会科学院省情研究中心课题组，2014），包括德州"两区同建"模式、诸城

"多村社区"模式、蒙阴"生态文明"模式（秦丛丛，2013）；河南（王景全，2014）新型农村社区建设模式等。从地市级、县市级层面探引就地城镇化发展模式的有甘肃省敦煌市模式（卢红，2014）、汉寿县模式（潘素梅，周立，2014）、郑州新郑模式（龚金星、王汉超，2015）、山东诸城模式（李健等，2016）、陕西杨凌模式（刘波等，2015）。从农村新社区视角探讨就地城镇发展模式的有农业产业化驱动的就地城镇化模式、"农业集成商"推动的北京蔡家洼村模式（马庆斌，2011）、依托乡土文化实现就地城镇化的浙江获浦村模式（齐骥，2014）、以城乡等值化实现就地城镇化的山东青州南张楼村模式（李增刚，2015）、山西蒲韩乡村社区模式（梁洁，2014）。从产业视角探讨就地城镇化的模式有农业模式、农—工业模式、农—服务业模式（卢红，2014）。以农房改造集聚为视角可以将农村就地城镇化模式划分为房地产商开发模式等七种模式（吴碧波、黄少安，2015）。综上所述，现有研究文献从不同的视角总结了就地城镇化发展模式，为就地城镇化研究提供了较扎实的理论和实践基础。本书在此基础上，结合就地城镇化发展实践，从就地城镇化驱动力视角提出就地城镇化模式。

从就地城镇化的初始动力不同可以分为市场主导型模式和政府主导型模式。市场主导型模式是指随着当地经济发展，主要依靠市场力量牵引农业转移人口就地向中心城、小城镇集聚的发展模式。改革开放以来，东部沿海发达地区乡镇企业、个体私营企业的兴起，促进了块状经济的发展，形成"一镇一品、一乡一业"的产业发展特色，催生了一批特色中心镇、小城镇，如绍兴柯桥镇、苏州盛泽镇等。这些城镇人口的集聚主要是依靠市场力量来实现的，政府主要负责产业的扶持、基础设施等公共产品的建设，无须通过政府的力量去动员、引导农业转移人口向城镇迁移。在这里，政府对农业转移人口的推动是间接的，通过扶持产业的发展去牵引农业转移人口向城镇集聚。政府主导型的就地城镇化模式主要依靠行政力量推动农业转移人口向城镇、农村新社区集聚。这种模式下，政府通过一系列政策过程推动农业转移人口向城镇迁移，如嘉兴市"两分两换"、温州"三分三改"、苏南"三集中"等。又如，山东德州2008年启动"合村并居工程"推进农村新社区建设、山东诸城的"多村—社区"模式（山东社会科学院省情研究中心课题组，2014），这些模式的实质是将城镇公共服务向农村社区延伸，让集中居住的农村享受城镇公共服务，山东共有 5190 个新型农村社区，1254 万人口（山东社会科学院省情研究中心课题组，2014）。市场推动型模式是比较理想的模式，社会成本较小但需要较长时间才能完成；而政府推动的城镇化社会成本更大，但可在较短时间内完成，而对于一些不太适合人类居住的偏远地区而言只能通过政府的力量来实现人口迁移过程。

从是否受大中城市辐射来分析就地城镇化，可以将就地城镇化的模式分为城乡接合部的就地城镇化和远离中心城市的就地城镇化。大城市城乡接合部就地城镇化（邵怀友、朱宇，2007；胡宝荣、李强，2014；周庆运等，2015；钟真，2016）是我国许多地区城镇化的重要特点。超大城市、城市群、城市带郊区农村的就地城镇化模式，也就是麦吉"灰色区域"理论所提出的城乡共同作用下的小城镇。这些小城镇受到大中城市经济辐射，人流、物流、信息流、资金流容易到达，产业和人口比较容易集聚，就地城镇化相对比较容易实现。我国东部沿海地区城市群比较发达、大中城市集中，就地城镇化发展得好，而中西部地区的就地城镇化发展更困难。远离中心城市的地区主要依靠本地特色自身集聚产业和人口，就地城镇化的难度相对比较大，这也是需要深入研究的问题。

从就地城镇化产业驱动力的不同可分为内生型城镇化和外生型城镇化。内生型城镇化主要依托本土力量生成主导产业，不断吸引农业转移人口向城镇集聚，以完成就地城镇化，如农村新社区建设的"就地上楼"是低成本的农村城镇化形式（张本效、郑杭生，2014），以美丽乡村建设为载体推进就地城镇化的"临安经验"（张本效、陈嫩华，2014）等。按三次产业可进一步将就地城镇化的驱动模式划分为农业全产业链驱动的就地城镇化模式、工业驱动的就地城镇化模式和第三产业驱动的就地城镇化模式。对于发展农业是否是就地城镇化的路径是有争议的话题。胡宝荣、李强（2014）明确指出从事农业产业的农民不应纳入就地城镇化的范畴；而张益丰等（2016）则主张可以通过发展农业全产业链，以"产业引导"与"生态友好"驱动就地城镇化。就地城镇化的关键是人的城镇化，而人的城镇化问题的核心是人的生产和生活方式的转变（乔小勇，2015；吴碧波、黄少安，2015）。因此，从传统农业中转移出来的劳动力只要完成生产和生活方式的转变而成为新市民就应该属于就地城镇化范畴，不必强调从事产业的属性，职业不应成为农民和市民的判别标准

（吴业苗，2010）。外生型城镇化主要依托外部力量生成主导产业，牵引农业转移人口向城镇集聚，完成就地城镇化，如经济技术开发区建设、重大项目或交通设施建设等。

1.4 就地城镇化与异地城镇化的关系

中国复杂的社会发展梯度形态，要求有多种城镇化发展模式与之相适应，就地城镇化与异地城镇化是城镇化发展中两种不同的模式，两者的本质是一致的，都促进农业转移人口市民化，使其与城镇居民共享城镇化社会发展成果。推进就地城镇化不是要否定异地城镇化，而是两者协调发展、互为依托，当区域经济发展到一定程度后，农村人口不再向大城市异地转移，而是以小城镇、小城市为主体形态，就近向中心村、小城镇和小城市集聚和迁移（唐丽萍、梁丽，2015）。"农村变城市"仅是部分意义上的城镇化路径，并不是对传统城镇化路径的完全替代（何磊，2012）。农业转移人口与城镇居民共享城镇化成果并不意味着他们一定要远距离迁移到大中城市去享受公共服务和城市文明，大量农民工可以选择通过就地城镇化或异地城镇化这两种路径实现市民化（宋艳姣，2017）。就地城镇化能通过区域内的集中居住，改变原来散居的状态，实现与城市居民相同的居住形态和生活方式。也有学者认为，就地城镇化和异地城镇化是城镇化发展不同阶段的表现形式，就地城镇化是异地城镇化的准备阶段，大规模的迁移式城市化是中国城市化的高级阶段（钟顺昌，2013）。

本课题组认为，就地城镇化和异地城镇化是城镇化发展的不同模式，是互补关系，两者有明显的不同，主要表现在以下几方面。一是农业转移人口的迁移距离不同。就地城镇化模式下，农业转移人口大致以县域范围为半径迁移，具有鲜明的地域性（沈翠珍等，2015）；异地城镇化下，农业转移人口迁移至行政区域外（黄亚平，2014），跨地区、跨省份（张国玉，2014）。从地域看，东、中、西部地区有较大差异，东部沿海地区就地城镇化比较普遍，而中部和西部地区则异地城镇化比较普遍。二是参与城镇化的农业转移人口范围不同。不同年龄农业转移人口对异地城镇化和就地城镇化的态度不同，都市文化对年轻人的吸引力大，他们对就地城镇化的态度不积极，而年龄比较大的农业转移人口就业难度较大，他们更认同就地城镇化。就地城镇化让中老年人等弱势群体有更多参与城镇化的机会，他们更能适应在本地找到满意的工作。三是社会重构的力度不同。就地城镇化和异地城镇化一样，是社会关系的重构，所不同的是异地城镇化重构的力度更大些。异地城镇化下农业转移人口需要在全新的社会环境下生产生活，作为弱势群体其应有的权益不能得到有效的保护，甚至在家庭、情感等方面付出了较大的代价。就地城镇化下农业转移人口仍能在相对比较熟悉的社会环境下生产生活，可以通过农业兼业方式逐渐实现生产生活方式转变，大大降低大规模异地迁移带来的社会成本（辜胜阻等，2014）。四是学习效应不同。异地城镇化下农业转移人口可以获得现代城市社会的学习效用（贝叶斯学习），加快人力资本和社会资本的积累。并且，大城市的流动性和竞争性形成一种激励，使一些勤奋好学的先进农业转移人员更快适应现代产业发展、城市文明需要，调整原有的价值体系、行为习惯和生产生活方式，大幅提高能力素质。就地城镇化下，由于所在地知识存量的约束，农业转移人口可以获得的现代城市社会的学习效用相对较小。因此就地城镇化下要重视城镇文化内涵建设，在传承传统文化特色的同时吸收先进文化，实现文化创新，提高农业转移人口的学习效用。

就地城镇化需要一定的基础和现实条件（唐丽萍、梁丽，2015），也就是说，并不是所有地区在任何时期都适合就地城镇化的发展模式。但俊、阴劼（2016）以 2010 年"六普"区县单元流动人口数据为基础运用定量分析方法判断适合就地城镇化发展模式的区域。现代科学技术特别是交通现代化和通信技术的发展（潘海生、曹小锋，2010），互联网、云计算、大数据等现代技术的快速发展，人流、物流、资金流、信息流不断加快，大大降低了人们的交易成本，城市原有的信息优势相对下降了，互联网金融的出现使支付方式发生重大改变，如"淘宝村"的出现在过去是不可想象的。大城市思想观念和先进文化向小城镇传递的速度也影响着就地城镇化，传递速度越快，这种就地城镇化的动力越强；反之，则越弱。在学界，对就地城镇化的质疑也不少，主要观点认为小城镇缺乏规模经济而导致资源浪费，乡镇企业"村村点火"的分散性特征使其无法获得城市集聚经济的好处。集聚经济理论告诉我们，一定规模的城市可以集约利用土地、提供较好的基础设施和生产性服务业，企业可以获得更高的经济效益。石忆邵（2013）认为中西部地区农业转移人口就地城镇化面临较大障碍，大部分地区就地城镇化基本条件还不成熟，就地城镇化不适宜作为一条普遍经验来推广。东部沿海地区已经成功地实现了就地城镇化，而中西部地区的农业区是否适合就地城镇化是有待实践来证明的课题（沈翠珍，2015）。

就地城镇化与"逆城市化"、新农村建设也有区别，不能混为一谈。西方国家的"逆城市化"现象与就地城镇化有着本质的不同，前者是在城镇化发展到一定程度后，由于城市化带来一系列问题以后出现的城市人口向郊区迁移的现象，而就地城镇化则是相反的过程。就地城镇化与新农村建设也有本质不同，新农村建设重点在于改善农村生产环境和居住环境，但没有改变生产方式、生活方式和集中居住的方式，就地城镇化农村新社区建设不仅在于居住方式的改变，还在于生产生活方式的改变，基础设施的集约化建设，使新社区居民享受与城镇居民相同或相近的居住条件和基本公共服务。新型农村社区建设是我国推动新型城镇化背景下新农村建设的新阶段和新形式（佟伟铭、张平宇，2016）。20世纪50年代英国的"中心村"建设计划①，70年代日本"市町村"合并运动②，都是发达国家推进农村城镇化的成功案例。

---

① Daniels, T. L., Lapping, M. B.. Small town triage: A rural settlementpolicy for the American Midwest [J]. *Journal of Rural Studies*, 1987, 3（3）：273–280.

② Palmer, E.. Planned relocation of severely depopulated rural settlements: A case study from Japan [J]. *Journal of Rural Studies*, 1988, 4（1）：21–34.

第 2 章

农业转移人口就地城镇化评价研究

城镇化是一种世界性的社会经济现象，按照权威的解释，城镇化是乡村分散的人口、劳动力和非农业的经济活动不断进行空间集聚而逐渐转化为城市的经济要素，城市相应地成长为经济发展的主要动力的过程[①]。城镇化已经成为社会主义现代化进程中不可逆转的大趋势，但是随着城镇化的不断深入，也出现了很多问题，例如，土地城镇化快于人口城镇化，导致"空城""鬼城""睡城"出现[②]；城镇化进程进入快速期，而城市管理服务水平相对滞后，出现了城市病等诸多问题；自然文化历史遗产保护不力，城乡建设缺乏特色[③]。2014 年中央发布的《国家新型城镇化规划（2014—2020 年）》指出，走以人为本、四化同步、优化布局、生态文明、文化传承的中国特色新型城镇化道路，同时要求加快制定城镇化发展监测评估体系，推动城镇化规划顺利实施。

中国正处于城市化转型的关键时期，有效评价城镇化发展水平、构建科学完整的评价指标体系以全面真实反映城镇化发展水平，已成为既紧迫又非常必要的任务。当前我们正处于城镇化加速发展时期，为了避免和缓解农村人口过度向大中城市集中而造成的交通拥堵、住房价格过高等现代城市病，更为了提高农业转移人口的就业水平和就业质量，避免他们因盲目转移而沦落为城市贫民，我们吸取国内外城镇化过程中的经验和教训，提出了要坚持

---

① 肖金成. 实施新型城镇化的四大重要战略意义 [N]. 中国经济时报，2014-01-27 (11).
② 易鹏. 激发城镇化的乘数效应 [N]. 人民日报，2014-04-22 (5).
③ 韩俊，何宇鹏. 以人为核心全面提高城镇化质量 [N]. 人民日报，2014-04-09 (10).

走中国特色的新型城镇化道路，即推进以人为核心的城镇化，推动大中小城市和小城镇协调发展、产业和城镇融合发展，促进城镇化和新农村建设协调推进。以海盐县农民就地城镇化为代表的新型模式成为新型城镇化的重要途径。

农业转移人口城镇化是农村人口转化为城镇人口的过程，它是各国在经济现代化过程中劳动力由第一产业向第二、第三产业转移的必然结果。当前我国农村剩余劳动力产业转移的供求矛盾已比较突出，引导和支持那些具有发展第二、第三产业条件和潜力的农村实现就地城镇化是理性的选择。

就地城镇化的发展模式区别于现有的传统城镇化模式，已有的城镇化评估体系已不适应就地城镇化评价的要求，需要避免城镇化评价偏重经济发展的不足。符合中央提出的中国特色社会主义事业"五位一体"总体布局要求，为构建就地城镇化评价体系提供了一种新的思路。从经济建设、政治建设、文化建设、社会建设和生态文明建设五个方面全面评价城镇化，能够比较全面地反映就地城镇化的发展水平。考虑到我国东、中、西部地区经济发展不平衡，本课题组选取不同典型地区来评价就地城镇化发展水平，比较不同典型地区的就地城镇化水平及其差异，有利于实行差异化的就地城镇化策略。

总之，从新型城镇化发展的实际出发，按照"五位一体"总体布局要求，构建就地城镇化评价指标体系，有利于丰富和拓展城镇化理论，可以更为全面和客观地反映城镇化发展水平，为政府制定精准的城镇化发展政策提供可靠依据，具有重要的现实意义。

2.1 就地城镇化评价体系的建立

2.1.1 城镇化评价研究现状

对就地城镇化水平进行科学的测度既是理论和实证研究的基础，也是相关政策和建议提出的根据。城镇化水平测度方法大致可分为两大类：单一指标法和综合指标法。单一指标法包括城镇人口比重指标法、非农业人口比重指标法、带眷系数法、城镇土地利用比重指标法[①]。这些单一指标要么容易受到人口统计口径不一致、行政区划变更、人口流动性大等现实因素影响，要么在实际应用中难以区分比较"人口密度大、建成区用地面积大的区域"和"人口密度小、建成区用地面积大的区域"城镇化水平，存在一定的不足。

综合指标法虽然工作量大，资料收集难，实际运用比较困难，但它可以从多方面、多角度来反映城镇化综合水平，且单一指标已难以适应新型城镇化内涵多样化发展，所以对于城镇化水平评价大多使用综合评价法，如从人口、经济、社会、文化等诸多方面构建出一个反映城镇化发展水平的指标体系（欧向军等，2008）。陈明星等（2009）从人口城市化、经济城市化、土地城市化和社会城市化四个方面设置城市化综合测度指标体系，其中经济增长是中国城市化进程的最主要因素。国家城调总队福建省城调课题组（2005）进一步研究了包括经济发展、生活、社会发展、基础设施、生态环境、统筹城乡与地区发展六个方面比较完整的城市化质量评价体系。这一时期的城镇化质量评价标准比较注重经济指标，而城乡统筹发展虽有涉及但重要程度较低，生态指标的重要性也相对较弱，没有反映新型城镇化特征，即城乡统筹、可持续发展。

近年来，学者们在构建城镇化质量评价体系时更多关注生态、社会保障等方面的指标。方创琳和王德利（2011）提出了由经济城市化发展质量、社会城市化发展质量、空间城市化保障质量三类指标以及 12 项具体指标构成的城市化发展质量综合测度三维指标体系。该评价指标体系无论从经济发展还是社会保障，抑或生态保护方面都越来越凸显现代新型城镇化所倡导的理念——科学发展、集约发展、绿色发展、以人为本，构建的新型城镇化质量评价指标体系逐步趋于完善。曾志伟等（2012）以环长株潭城市群为例，构建了新型城镇化新型度评价指标体系，认为"新型度"应该包含新型城镇环境保护、新型城镇经济发展和新型城镇社会建设三项一级指标和 43 项二级指标，社会建设指标首次超过经济发展指标而成为最重要的指标。牛晓春等（2013）进一步完善并发展了新型城镇化质量评价指标体系，从人口、经济、基础设施、生

---

① 王德成，张领先，王志琴. 城镇化水平计算方法比较分析 [J]. 农机化研究，2004 (3)：61 - 66.

活质量、生态环境和城乡统筹六大方面建立评价指标体系，并运用信息熵技术支持下的层次分析法，以陕西省 10 个省辖市为例进行实证分析。中国社会科学院"城镇化质量评估与提升路径研究"创新项目组（2013）从城市发展质量、城镇化效率和城乡协调程度三个维度构建城镇化质量综合评价指标体系。戚晓旭等（2014）认为可持续城镇化是新型城镇化内涵式发展的重要内容，因此从可持续指标体系出发，构建了新型城镇化质量评价指标体系。在生态环境方面，新增了许多新的指标，更全面地测度生态环境质量对新型城镇化的影响。吕丹等（2014）基于公共服务均等化和生态建设等新型城镇化的社会和生态内涵，提出了新型城镇化质量评价指标体系，选取了人口城镇化指数、经济发展指数、生态环境支持指数、城乡统筹指数和基本公共服务均等化指数五个方面的指标，强调新型城镇化要体现以人为本，实现基本公共服务均等化，在这些方面新增许多指标。城镇化水平评价研究除了指标体系演变外，它的研究方法也是不断改进丰富，形成了多种方式，如指标权重确定有专家调查法、主成分分析法（晃增福等，2013）、因子分析法（吴耀等，2009）、熵值法（赵永平、徐盈之，2014；高涛涛等，2016）和层次分析法（刘亚臣等，2008）等。

上述关于城镇化水平的测度和评价研究，评价指标体系大多基于评价人口、经济和生态等方面发展水平，尤其偏重于经济发展水平，而涉及医疗养老保障、政府管理水平等政治和社会方面指标内容则相对较少，尤其是农业人口市民化相关指标如居民收入、社会福利和生活方式等，因统计数据缺少或获得困难，难以全面反映当前新型城镇化发展的特点与实际情况，也不符合"五位一体"发展总体布局对城镇化发展的要求。

对于城镇化水平评价研究，随着新型城镇化发展内涵不断丰富与深化，它的指标体系也在不断发展和健全完善。但从我国城镇化水平评价研究现状看，对本课题阐述的就地城镇化的评价指标体系研究较少，需要进行深入探讨。综合前人的研究成果，基于就地城镇化核心内涵，本章从"五位一体"的经济、政治、文化、社会和生态五方面整体设计，构建农业转移人口就地城镇化水平评价指标体系，运用层次分析法进行综合评价。

2.1.2　就地城镇化评价指标体系设计

2.1.2.1　基本思路

党的十九大提出，中国特色社会主义进入新时代，我国社会主要矛盾已经转化为人民日益增长的美好生活需要和不平衡不充分的发展之间的矛盾。我国总体上实现小康，人民美好生活需要日益广泛，不仅对物质文化生活提出了更高要求，而且在民主、法治、公平、正义、安全、环境等方面的要求也日益增长。我国建设中国特色社会主义事业总体布局是经济建设、政治建设、文化建设、社会建设和生态文明建设"五位一体"。同时，十九大报告提出人与自然和谐共生，建设生态文明是中华民族永续发展的千年大计，绿水青山就是金山银山，这标志着我国对现代化城镇建设的认识进一步深化。

就地城镇化的宗旨是坚持以人为本，以经济建设、政治建设、文化建设、社会建设和生态文明建设"五位一体"为目标，实现经济社会可持续发展，其中经济建设为根本，政治建设是保证，文化建设是灵魂，社会建设是条件，生态文明建设是基础。基于就地城镇化的发展要求，我们认为就地城镇化的发展内涵应包含以下五个方面：经济建设发展、政治建设发展、文化建设发展、社会建设发展、生态文明建设发展。从五个方面构建就地城镇化发展评价指标体系，为新型城镇化发展提供思路，具有重要的理论和现实意义。

"五位一体"发展是相互联系、相互促进、相互影响的有机整体，共同推动就地城镇化向前发展。

（1）就地城镇化过程中经济建设、政治建设、文化建设、社会建设和生态文明建设之间是相互联系的。按照辩证唯物主义方法论的理解，作为构成就地城镇化建设事业系统的子系统，经济建设、政治建设、文化建设、社会建设和生态文明建设之间本来就应该是相互联系的。对就地城镇化来说，任何一个组成部分都是不可或缺的，任何一个组成部分的短缺都会影响就地城镇化的推进。

我们知道，就地城镇化建设事业的成功离不开经济建设，经济建设为就地城镇化建设事业提供坚实的物质基础。同样，就地城镇化建设事业也离不开政治建设、文化建设、社会建设和生态文明建设，如果没有党的领导、不依法办事、不维护社会公平正义，就地城镇化建设事业就会陷入混乱无序的状态；如果不注重对传统文化的保护、缺乏文化标志内涵，就地城镇化建设事业就会失去灵魂和精神的支柱；如果不能使农业转移人口拥有幸福生活、享有社会发展成果，就地城镇化建设事业就会失去群众的基础和追求的目标；如果失去清洁的空气、水源，自然生态破坏，将会严重威胁到城乡居民的身体健康，就地城镇化建设事业就没有根基。总之，对于就地城镇化建设事业来说，每一个组成部分都是极其重要，缺一不可的，它们之间是相互联系、相辅相成的。

（2）就地城镇化的经济建设、政治建设、文化建设、社会建设和生态文明建设之间是相互促进的。作为就地城镇化建设整体事业的组成部分，各个子系统之间不仅密切联系，而且相互促进。任何一个组成部分取得进展与突破，都将对其他组成部分产生重要的影响，共同促进就地城镇化整体建设事业的发展。经济建设是基础，只有在一定的财力基础上才能有更大的文化、社会和生态文明建设等投入，促进其他建设事业；就地城镇化建设中加强党的领导，就会增强全社会的凝聚力和向心力，广大农业转移人口心中有底，社会安定团结；文化建设迈上新台阶，中国特色社会主义文化事业就会繁荣发展，人民精神文化生活就会更加丰富多彩，民主法治建设就能迈出新步伐；社会建设取得新进步，人民物质文化生活水平就会显著提高，在改善民生方面取得明显成效；生态文明建设扎实展开，资源节约和环境保护就能全面推进。就地城镇化中加强政治建设、文化建设、社会建设和生态文明建设，就会营造更好的发展环境，吸引高端要素向城镇集聚，促进经济发展，这又将极大地促进城镇化建设。

（3）就地城镇化的经济建设、政治建设、文化建设、社会建设和生态文明建设之间是相互影响的。就地城镇化"五位一体"中任何一个部分的缺失和不足都会导致其他建设事业的失败，进而导致就地城镇化建设事业的失败；反之则相反。比如，社会建设的好坏影响生态文明建设，生态文明建设的好坏也反过来影响社会建设。近年来，个别地方在推进就地城镇化时，为了追逐短期经济利益，不惜破坏生态环境，引发群体性事件，造成了严重的社会问题，也使党和政府的形象受到损害。这表明，就地城镇化进程中社会建设不是孤立的，必须与其他建设统筹推进，把生态文明建设贯穿于社会建设之中，才能更加顺利地推进和谐社会建设。倘若生态文明建设问题得不到解决，就会引发严重的社会建设问题，进而会对经济建设、政治建设和文化建设发生负面影响，严重影响就地城镇化建设事业。相反，有的地区在生态建设方面取得了突出成绩，有力地推动了当地社会建设步伐，人民群众享有了更加幸福美好的生活，更好地分享了社会发展的成果，极大促进了当地经济建设、政治建设和文化建设。所以，在推进就地城镇化建设过程中，必须强调把生态文明建设融入经济建设、政治建设、文化建设和社会建设的各个方面和全过程，整体推进、协调发展，才能使中国特色城镇化道路走得更宽广。

2.1.2.2　基本原则

就地城镇化评价指标体系应不同于传统的城镇化评价指标体系，指标框架构建必须反映其实质，遵循就地就近原则，以体现就地城镇化的基本特征；遵循以人为本原则，以体现就地城镇化的基本追求；遵循市民化原则，以体现就地城镇化的生产生活方式改变；遵循城乡一体原则，以体现就地城镇化的公共服务特点。除此以外，就地城镇化更强调以人为本和发展质量的全面提升，倡导从偏重数量规模向内涵质量的提升转变，包括在经济发展、政治发展、文化发展、社会发展和生态文明发展等方面实现新转变，因此该指标体系应具有全面系统性；评价指标要结合实际，具有较好的可量性、可比性和可获得性，因此该指标应具有可操作性。本章将依据以上原则，围绕就地城镇化的核心内涵，从就地城镇化发展的经济、政治、文化、社会和生态文明五个方面构建农业转移人口就地城镇化水平评价指标体系，全面衡量就地城镇化发展水平。

2.1.2.3　指标体系构建

就地城镇化评价指标体系设置为三层：第一层为综合评价的总目标层；第二层为评价的准则层，主要从经济建设子系统、政治建设子系统、文化建设子系统、社会建设子系统和生态文明建设子系统等角度确定就地城镇化发展水平评价内容；第三层为评价的指标层，主要是第二层的子评价指标。在"五位

最高层为解决问题的决策目标，称为目标层；若干中间层为实现决策目标的准则，称为准则层；最底层为系统中的影响因素，称为子准则层。多元素权重的整体判断转变为对这些元素进行两两比较，然后再转为对这些元素的整体权重进行排序判断，最后确立各元素的权重。

2.2.2 层次分析法的主要步骤

（1）通过两两比较，确定各指标之间重要性比较的判断矩阵，记为 B：

$$B = \begin{pmatrix} b_{11} & b_{12} & \cdots & b_{1n} \\ b_{21} & b_{22} & \cdots & b_{2n} \\ \vdots & \vdots & & \vdots \\ b_{n1} & b_{n2} & \cdots & b_{nn} \end{pmatrix}$$

其中 b_{ij} 的含义是 i 指标的重要性是 j 指标重要性的倍数，这里参照萨蒂提出的比例九标度体系（见表 2.2）。

表 2.2　　　　　　　　　　判断矩阵的标度及其含义

标度	含义	解释
1	同等重要	i 与 j 同等重要
3	稍微重要	i 比 j 稍微重要
5	明显重要	i 比 j 明显重要
7	非常重要	i 比 j 非常重要
9	极端重要	i 比 j 极端重要
2，4，6，8	介于相邻重要程度的中值	
倒数	指标 i 与 j 比较的 b_{ij}，则因素 j 与 i 比较的判断 $b_{ji} = 1/b_{ij}$	

在这里对每一层次各因素的相对重要性，一般可以通过专家咨询法、调查问卷法进行具体指标之间的两两比较后用数值形式给出判断，并写成矩阵形式构造判断矩阵进行计算。

（2）根据判断矩阵 B，求权向量值 W，记 $w = (w_1, w_2, \cdots, w_n)^T$。

首先，对评价指标数据采用行和法求权向量，逐行计算 B 矩阵的行算术平均值 $\overline{R}$：$\overline{R}_i = \dfrac{1}{n}\sum_{j=1}^{n} b_{ij}(i = 1, 2, \cdots, n)$。

然后，对行算术平均值 $\overline{R}_i$ 归一化处理，即为所计算的权重 $w_i = \dfrac{\overline{R}_i}{\sum_{j=1}^{n} \overline{R}_j}$，由此得到近似特征向量 $w = (w_1, w_2, \cdots, w_n)^T$。

最后，利用公式 $\lambda = \dfrac{1}{n}\sum_{j=1}^{n} \dfrac{(BW)_i}{w_i}$ 求出最大特征根的近似值，其中 $BW = \begin{pmatrix} b_{11} & b_{12} & \cdots & b_{1n} \\ b_{21} & b_{22} & \cdots & b_{2n} \\ \vdots & \vdots & & \vdots \\ b_{n1} & b_{n2} & \cdots & b_{nn} \end{pmatrix}\begin{pmatrix} w_1 \\ w_2 \\ \vdots \\ w_n \end{pmatrix}$，$(BW)_i$ 为 BW 的第 i 个元素。

（3）计算一致性比率 CR，检查所构判断矩阵 B 及由之导出的权向量 w 的合理性。由于受多种主观因素的影响，判断矩阵很难出现严格的一致性，因此在得到最大特征值的近似值后，还需要对判断矩阵进行一致性检验。首先，计算一致性指标 $CI = \dfrac{\lambda_{max} - n}{n - 1}$，当 $CI = 0$ 时，判断矩阵具有完全一致性，CI 愈大，那么判断矩阵的一致性就愈差；然后，为了检验判断矩阵是否具有满意的一致性，需要将 CI 与平均随机一致性指标 RI 进行比较，找出相应的平均随机一致性指标 RI（RI 的取值见表 2.3）；最后，计算一致性比例 CR = CI/RI，当 CR < 0.1 时，即通过一致性检验，否则就需要对判断矩阵 B 进行修正。

表 2.3　　　　　　　　　　一致性检验 RI 评价尺度赋值

阶数 n	1	2	3	4	5	6	7	8	9
RI	0.00	0.00	0.58	0.90	1.12	1.24	1.32	1.41	1.45

2.3 就地城镇化评价实证分析

2.3.1 指标数据来源与描述

2.3.1.1 指标数据来源

（1）社会、文化与生态文明发展方面中人均教育经费财政支出、人均医疗卫生财政支出、人均社会保障和就业财政支出、每百万人公共图书馆藏书、图书流通人次、电影观众人次、组织文艺活动次数、城镇化率[①]空气质量达到二级以上天数占全年比重、城市生活污水处理率、生活垃圾无害化处理率、人均公园绿地面积等指标的数据采自东部地区海盐县和中部地区新郑市的 2016年统计年鉴、2015 年统计公报等。

（2）经济、政治、社会和文化发展方面中非农从业人员占比、本地就业人员占比、人均可支配收入、本地与外出就业农业转移人员平均收入之比、农业转移人员与城镇居民平均收入之比、农地与宅基地流转率、选举权和被选举权保障程度、参政议政机会满意程度、利益诉求渠道畅通程度、农业转移人口就业率、互联网普及率等指标的数据来自 2016 年海盐县和新郑市的调查问卷数据，问卷见本章的附录。

2.3.1.2 数据描述

课题组使用本章的附录调查了海盐县和新郑市，分别获得有效样本 454 个和 371 个。

其中，海盐县和新郑市问卷调查的农业转移人口性别比例，样本中男性与女性人数占比如图 2.1、图 2.2 所示。

海盐县和新郑市问卷调查的农业转移人口年龄结构，各年龄层人数占样本

---

① 海盐县城镇化率根据嘉兴市统计局公布的数据计算得到，海盐县 2013 年城镇化率 55.25%，2018 年城镇化率 61.60%，设定每年增速相同，计算得到海盐县 2015 年城镇化率 57.71%。

总人数结构如图 2.3、图 2.4 所示。

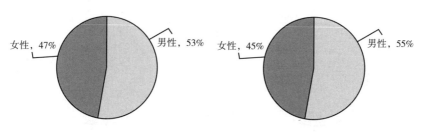

图 2.1　海盐县样本男女性别比例　　图 2.2　新郑市样本男女性别比例

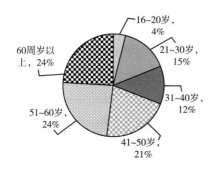

图 2.3　海盐县样本各年龄层占比　　图 2.4　新郑市样本各年龄层占比

海盐县和新郑市问卷调查的农业转移人口对当前医疗社会保障水平满意度，样本中农业转移人口对当前医疗社会保障水平满意与不满意人数比例如图 2.5、图 2.6 所示。

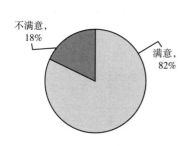

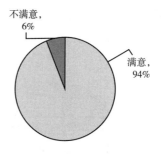

图 2.5　海盐县样本医疗满意度结构　　图 2.6　新郑市样本医疗满意度结构

海盐县和新郑市问卷调查的农业转移人口对当前养老社会保障水平满意度，样本中农业转移人口对当前养老社会保障水平满意与不满意人数比例如

图 2.7、图 2.8 所示。

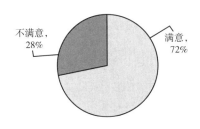

图 2.7　海盐县样本养老满意度结构　　图 2.8　新郑市样本养老满意度结构

海盐县和新郑市问卷调查的农业转移人口对当前受教育便利程度满意度，样本中农业转移人口对当前受教育便利程度满意与不满意人数比例如图 2.9、图 2.10 所示。

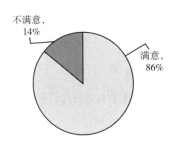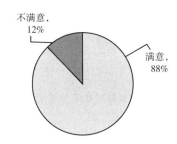

图 2.9　海盐县样本受教育便利满意度结构　图 2.10　新郑市样本受教育便利满意度结构

海盐县和新郑市问卷调查的农业转移人口对选举权被选举权得到保障满意度，样本中农业转移人口对选举权被选举权得到保障满意与不满意人数比例如图 2.11、图 2.12 所示。

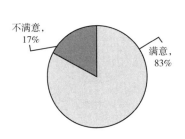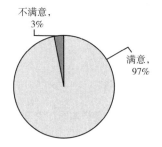

图 2.11　海盐县样本选举和
被选举权保障满意度结构

图 2.12　新郑市样本选举和
被选举权保障满意度结构

海盐县和新郑市问卷调查的农业转移人口对民主决策、管理和监督权得到保障满意度，样本中农业转移人口对民主决策、管理和监督权得到保障满意与不满意人数比例如图 2.13、图 2.14 所示。

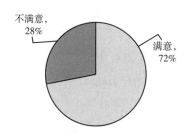 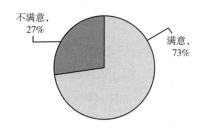

图 2.13　海盐县样本民主决策等　　　　图 2.14　新郑市样本民主决策等
　　权利保障满意度结构　　　　　　　　　　权利保障满意度结构

海盐县和新郑市问卷调查的农业转移人口是否连接互联网，样本中农业转移人口日常使用互联网与不使用互联网人数比例如图 2.15、图 2.16 所示。

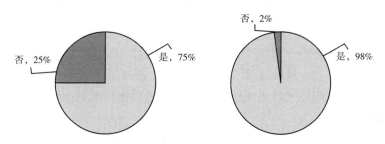

图 2.15　海盐县样本互联网接入结构　图 2.16　新郑市样本互联网接入结构

2.3.2　基于层次分析法的评价指标权重确定

就地城镇化水平从经济、政治、文化、社会和生态文明发展五个方面衡量，各个方面包括若干因素，这些因素之间构成一种层次关系，因此可用层次分析法来确定各因素的权重。层次分析法计算就地城镇化水平指标权重的具体步骤如下。

（1）选取就地城镇化评价指标体系，令 M 表示就地城镇化水平，B_i 表示准则层，B_{ij} 表示评价指标集。其中：经济发展子系统 B_1，政治发展子系统 B_2，

文化发展子系统 B_3，社会发展子系统 B_4，生态文明发展子系统 B_5。

经济发展一级指标包含了非农从业人员占比 B_{11}、本地就业人员占比 B_{12}、人均可支配收入 B_{13}、本地与外出就业农业转移人员平均收入之比 B_{14}、农业转移人员与城镇居民平均收入之比 B_{15}、农地与宅基地流转率 B_{16} 共 6 项二级指标。

政治发展一级指标包含了选举权和被选举权保障程度 B_{21}、参政议政机会满意程度 B_{22}、利益诉求渠道畅通程度 B_{23} 共 3 项二级指标。

文化发展一级指标包含了每百万人公共图书馆藏书 B_{31}、图书流通人次 B_{32}、组织文艺活动次数 B_{33}、互联网普及率 B_{34} 共 4 项二级指标。

社会发展一级指标包含了城镇化率 B_{41}、农业转移人口就业率 B_{42}、人均教育经费财政支出 B_{43}、人均医疗卫生财政支出 B_{44}、人均社会保障和就业财政支出 B_{45} 共 5 项二级指标。

生态文明发展一级指标包含了空气质量达到二级以上天数占全年比重 B_{51}、城市生活污水处理率 B_{52}、生活垃圾无害化处理率 B_{53}、人均公园绿地面积 B_{54} 共 4 项二级指标。

（2）构造判断矩阵来评价指标之间的相对重要性，在这里对每一层次各因素的相对重要性，一般可以通过专家咨询法、调查问卷法进行具体指标之间的两两比较后用数值形式给出判断，并写成矩阵形式构造判断矩阵进行计算，所得结果如下。

第一，对于决策目标，进行各准则层之间相对重要性的比较，判断矩阵 B-B 如表 2.4 所示。

表 2.4   **判断矩阵 B－B**

B	B_1	B_2	B_3	B_4	B_5	W
B_1	1	3	5	5	5	0.4408
B_2	1/3	1	3	3	3	0.2398
B_3	1/5	1/3	1	1/3	1/2	0.0549
B_4	1/5	1/3	3	1	3	0.1748
B_5	1/5	1/3	2	1/3	1	0.0897

计算得到：$\lambda = 5.3988$，$CI = 0.0997$，$RI = 1.12$，$CR = 0.0890$。

第二，对于经济发展状况，进行各指标之间的相对重要性比较，判断矩阵为 $B_1 - B_1$（见表 2.5）。

表 2.5　　　　　　　　　　　　判断矩阵 $B_1 - B_1$

B_1	B_{11}	B_{12}	B_{13}	B_{14}	B_{15}	B_{16}	W
B_{11}	1	1/3	1/5	2	2	2	0.1139
B_{12}	3	1	1/7	3	3	3	0.1986
B_{13}	5	7	1	7	7	5	0.4837
B_{14}	1/2	1/3	1/7	1	2	1/2	0.0677
B_{15}	1/2	1/3	1/7	1/2	1	1/2	0.0450
B_{16}	1/2	1/3	1/5	2	2	1	0.0912

计算得到：$\lambda = 6.4247$，$CI = 0.0849$，$RI = 1.24$，$CR = 0.0685$。

第三，对于政治发展状况，进行各指标之间的相对重要性比较，判断矩阵为 $B_2 - B_2$（见表 2.6）。

表 2.6　　　　　　　　　　　　判断矩阵 $B_2 - B_2$

B_2	B_{21}	B_{22}	B_{23}	W
B_{21}	1	3	3	0.5753
B_{22}	1/3	1	2	0.2740
B_{23}	1/3	1/2	1	0.1507

计算得到：$\lambda = 3.0654$，$CI = 0.0327$，$RI = 1.12$，$CR = 0.0564$。

第四，对于文化发展状况，进行各指标之间的相对重要性比较，判断矩阵为 $B_3 - B_3$（见表 2.7）。

表 2.7　　　　　　　　　　　　判断矩阵 $B_3 - B_3$

B_3	B_{31}	B_{32}	B_{33}	B_{34}	W
B_{31}	1	2	3	1/3	0.2522
B_{32}	1/2	1	2	1/4	0.1493
B_{33}	1/3	1/2	1	1/5	0.0810
B_{34}	3	4	5	1	0.5176

计算得到：$\lambda = 4.0659$，$CI = 0.0220$，$RI = 1.24$，$CR = 0.0244$。

第五，对于社会发展状况，进行各指标之间的相对重要性比较，判断矩阵为 $B_4 - B_4$（见表2.8）。

表2.8　　　　　　　　　　　判断矩阵 $B_4 - B_4$

B_4	B_{41}	B_{42}	B_{43}	B_{44}	B_{45}	W
B_{41}	1	1/2	1/3	1/3	1/5	0.0672
B_{42}	2	1	1/2	1/2	1/3	0.1231
B_{43}	3	2	1	2	1/2	0.2415
B_{44}	3	2	1/2	1	1/2	0.1989
B_{45}	5	3	2	2	1	0.3693

计算得到：$\lambda = 5.0855$，$CI = 0.0214$，$RI = 1.24$，$CR = 0.0191$。

第六，对于生态文明发展状况，进行各指标之间的相对重要性比较，判断矩阵为 $B_5 - B_5$（见表2.9）。

表2.9　　　　　　　　　　　判断矩阵 $B_5 - B_5$

B_5	B_{51}	B_{52}	B_{53}	B_{54}	W
B_{51}	1	3	3	5	0.4794
B_{52}	1/3	1	2	3	0.2530
B_{53}	1/3	1/2	1	3	0.1931
B_{54}	1/5	1/3	1/3	1	0.0746

计算得到：$\lambda = 4.1332$，$CI = 0.0444$，$RI = 1.24$，$CR = 0.0493$。

以上各判断矩阵均通过一致性检验。

层次总排序，利用同一层级中所有层次单排序后的结果，就可以计算出相对于上一层次而言的本层次所有因素重要性的权重。层次总排序需要从上到下逐层进行（见表2.10）。

表 2. 10　　　　　　　　　就地城镇化评价指标权重准则层

准则层	B₁	B₂	B₃	B₄	B₅	各指标的权重
	0. 4408	0. 2398	0. 0549	0. 1748	0. 0897	
B₁₁	0. 1139					0. 0502
B₁₂	0. 1986					0. 0875
B₁₃	0. 4837					0. 2132
B₁₄	0. 0677					0. 0298
B₁₅	0. 0450					0. 0198
B₁₆	0. 0912					0. 0402
B₂₁		0. 5753				0. 1380
B₂₂		0. 2740				0. 0657
B₂₃		0. 1507				0. 0361
B₃₁			0. 2522			0. 0138
B₃₂			0. 1493			0. 0082
B₃₃			0. 0810			0. 0044
B₃₄			0. 5176			0. 0284
B₄₁				0. 0672		0. 0117
B₄₂				0. 1231		0. 0215
B₄₃				0. 2415		0. 0422
B₄₄				0. 1989		0. 0348
B₄₅				0. 3693		0. 0646
B₅₁					0. 4794	0. 0430
B₅₂					0. 2530	0. 0227
B₅₃					0. 1931	0. 0173
B₅₄					0. 0746	0. 0067

2.3.3　就地城镇化评价指标分析

利用专家调查问卷和层次分析法确定就地城镇化评价指标各权重排序，如表 2.11 所示。

表 2.11   就地城镇化评价指标权重排序

序号	准则层	就地城镇化评价指标	各指标的权重	各指标累积的权重
1	B_{13}	人均可支配收入	0.2132	0.213
2	B_{21}	选举权和被选举权保障程度	0.1380	0.351
3	B_{12}	本地就业人员占比	0.0875	0.439
4	B_{22}	参政议政机会满意程度	0.0657	0.504
5	B_{45}	人均社会保障和就业财政支出	0.0646	0.569
6	B_{11}	非农从业人员占比	0.0502	0.619
7	B_{51}	空气质量达到二级以上天数占全年比重	0.0430	0.662
8	B_{43}	人均教育经费财政支出	0.0422	0.704
9	B_{16}	农地和宅基地流转率	0.0402	0.745
10	B_{23}	利益诉求渠道畅通程度	0.0361	0.781
11	B_{44}	人均医疗卫生财政支出	0.0348	0.816
12	B_{14}	本地与外出就业农业转移人员平均收入之比	0.0298	0.845
13	B_{34}	互联网普及率	0.0284	0.874
14	B_{52}	城市生活污水处理率	0.0227	0.896
15	B_{42}	农业转移人口就业率	0.0215	0.918
16	B_{15}	农业转移人口与城镇居民平均收入之比	0.0198	0.938
17	B_{53}	生活垃圾无害化处理率	0.0173	0.955
18	B_{31}	每百万人公共图书馆藏书	0.0138	0.969
19	B_{41}	城镇化率	0.0117	0.981
20	B_{32}	图书流通人次	0.0082	0.989
21	B_{54}	人均公园绿地面积	0.0067	0.995
22	B_{33}	组织文艺活动次数	0.0044	1.000

从表 2.11 中可知，人均可支配收入、选举权和被选举权保障程度、本地就业人员占比、参政议政机会满意程度、人均社会保障和就业财政支出和非农从业人员占比这 6 项指标累积权重达到 61.9%，这些指标分别囊括在经济发展、政治发展和社会发展指标中。

（1）经济发展指标作用最大，人均可支配收入、本地就业人员占比和非农从业人员占比这 3 项指标加总的权重达到了 35.1%，远高于其他四个方面的指标；经济发展方面所有二级指标包括非农从业人员占比、本地就业人员占比、人均可支配收入、本地与外出就业农业转移人员平均收入之比、农业转移人口与城镇居民平均收入之比、农地与宅基地流转率加总的权重高达 44.07%，这与国家实现社会主义现代化以经济建设为中心相一致，并且经济的发展最终落实到居民身上，体现了以人为本原则，表现为居民收入水平提高，就业质量与结构提升。

（2）政治发展指标作用显著增强，选举权和被选取权保障程度、参政议政机会满意程度、利益诉求渠道畅通程度指标加总的权重达到了 24.0%。选举权和被选取权保障程度、参政议政机会满意程度这两个因素成为就地城镇化水平评价的重要指标，不仅体现了核心内涵市民化原则，也反映了城镇化过程中体制改革和民主法治发挥着越来越重要作用，其是否顺利发展已成为就地城镇化取得成功的关键因素。

（3）社会发展指标包含的城镇化率、农业转移人口就业率、人均教育经费财政支出、人均医疗卫生财政支出、人均社会保障和就业财政支出指标加总的权重达到了 17.5%，它们在就地城镇化过程中发挥了重要作用，其中人均社会保障和就业财政支出既是其他方面发展的保障基础，也是就地城镇化发展的目标指标，因为它的作用提升体现了就地城镇化以人为本的宗旨，把城镇化的发展成果惠及人民。

（4）生态文明发展指标包含的空气质量达到二级以上天数占全年比重、城市生活污水处理率、生活垃圾无害化处理率和人均公园绿地面积指标加总的权重达到了 8.9%，在就地城镇化评价中，生态文明发展越来越重要，不仅是城市居民关注，而且农业转移人口也更加关注周边生态固定设施和环境情况，所以就地城镇化不仅要发展经济、政治、社会和文化，更要加强生态文明建设。

（5）文化发展指标包含的每百万人公共图书馆藏书、图书流通人次、组织文艺活动次数和互联网普及率，指标加总的权重达到了 5.5%，虽然文化发展指标重要性不如其他四个方面指标，但它深刻体现了就地城镇化的以人为本原则是不可或缺的，就地城镇化的根本目标是全面满足人们各方面的需求。

2.3.4 海盐县和新郑市就地城镇化水平评价比较分析

我们利用选取的东部和中部 2 个典型代表地区海盐县和新郑市的相关数据评价它们的就地城镇化水平，以海盐县作为参照基准，海盐县的各相关指标赋值为 1，接着把新郑市的同一指标数据除以海盐县的相关数据得到相对应的指标比值，再把取得的这些比值乘以就地城镇化各指标的权重得到新郑市相应指标的水平，如表 2.12 所示。

表 2.12　　　　　　　　海盐县和新郑市就地城镇化水平比较

准则层	就地城镇化评价指标	各指标的权重	与海盐县同一变量的比值	与海盐县比较的城镇化水平	与海盐县比较差值
B_{11}	非农从业人员占比	0.0502	0.7839	0.0394	− 0.0108
B_{12}	本地就业人员占比	0.0875	0.7679	0.0672	− 0.0203
B_{13}	人均可支配收入	0.2132	0.3115	0.0664	− 0.1468
B_{14}	本地与外出就业农业转移人员平均收入之比	0.0298	0.1877	0.0056	− 0.0242
B_{15}	农业转移人员与城镇居民平均收入之比	0.0198	0.5487	0.0109	− 0.0089
B_{16}	农地与宅基地流转率	0.0402	1.2496	0.0502	0.0100
B_{21}	选举权和被选举权保障程度	0.1380	1.1748	0.1621	0.0241
B_{22}	参政议政机会满意程度	0.0657	1.1002	0.0723	0.0066
B_{23}	利益诉求渠道畅通程度	0.0361	1.1023	0.0398	0.0037
B_{31}	每百万人公共图书馆藏书	0.0139	0.2746	0.0038	− 0.0101
B_{32}	图书流通人次	0.0082	0.1433	0.0012	− 0.0070
B_{33}	组织文艺活动次数	0.0044	0.7143	0.0031	− 0.0013
B_{34}	互联网普及率	0.0284	1.3064	0.0371	0.0087
B_{41}	城镇化率	0.0118	0.9238	0.0109	− 0.0009
B_{42}	农业转移人口就业率	0.0215	1.1515	0.0248	0.0033
B_{43}	人均教育经费财政支出	0.0422	0.5013	0.0212	− 0.0210
B_{44}	人均医疗卫生财政支出	0.0348	1.1609	0.0404	0.0056
B_{45}	人均社会保障和就业财政支出	0.0646	0.7729	0.0499	− 0.0147
B_{51}	空气质量达到二级以上天数占全年比重	0.0430	0.7138	0.0307	− 0.0123

续表

准则层	就地城镇化评价指标	各指标的权重	与海盐县同一变量的比值	与海盐县比较的城镇化水平	与海盐县比较差值
B_{52}	城市生活污水处理率	0.0227	0.8649[①]	0.0196	-0.0031
B_{53}	生活垃圾无害化处理率	0.0173	1.0000	0.0173	0.0000
B_{54}	人均公园绿地面积	0.0067	0.5302[②]	0.0036	-0.0031
总计		1.0000	17.2845	0.7775	-0.2319

注：①因相应公开数据获得困难，2015 年新郑市城市生活污水处理率数据选取为 80%，来自《新郑市人民政府关于印发新郑市城市河流清洁行动实施方案的通知》。

②因相应公开数据获得困难，2015 年海盐县和新郑市人均公园绿地面积数据分别选取 14.9 平方米/人和 7.9 平方米/人，分别来自《海盐城区出门见绿移步见景》（陶玮，2017）和《新郑市人民政府关于印发新郑市提升城市管理水平三年行动计划的通知》。

（1）根据表 2.12 评价结果可知，海盐县就地城镇化水平总体较高，在经济发展、文化发展、社会发展和生态文明发展四个方面的指标领先，而新郑市则在政治发展方面的指标较高。

首先，在经济发展方面，海盐县大部分指标优于新郑市，整体水平比新郑市高了 83.89%，尤其人均可支配收入显著高于新郑市，明显提高了海盐县就地城镇化水平；海盐县的本地与外出就业农业转移人员平均收入之比是新郑市的 5 倍多，农业转移人员与城镇居民平均收入之比是新郑市的 182.25%，这两个指标分别反映的本地与外出就业人员的收入差距、农业转移人员与城镇居民收入差距，海盐县明显小于新郑市，表明海盐县农业转移人口在就地城镇化过程中收入结构明显优于新郑市，海盐县农业转移人口不仅本地就业的收入和外出就业差距较小，而且他们和城镇居民的收入差距缩小，该收入结构将极大促进农业人口留在本地就业以及促进本地经济增长；本地就业人员占比和非农从业人员占比这两个指标，海盐县分别比新郑市地区高了 30.23 个和 27.57 个百分点，这得益于较小的本地就业与外出就业收入差距使海盐县农业转移人口本地就业比例高达 93.57%，同时得益于当地非农经济尤其是服务业的快速增长从而可以接纳大量从农业转移出来的劳动人口；海盐县农地与宅基地的流转率略低于新郑市，农民的农地和宅基地的流转不仅可以提高它们的生产率，同时增加农民的要素报酬收入，而且可以把部分农业劳动力释放转移到具有更高劳动生产率的工业和服务业部门。

其次，在生态文明发展方面，海盐县大部分指标优于新郑市，整体水平比新郑市高 26.02%，其中人均公园绿地面积是它的 1.9 倍，空气质量达到二级以上天数占全年比重比新郑市高了 40 个百分点，城市生活污水处理率比新郑市高 15.62%。近年来，海盐县政府加大对环境治理的力度，大力治理空气、水和土壤污染问题，通过"五水共治"、畜禽养殖污染治理等工程大大改善了生态环境。此外，生态文明发展使海盐县成为生态优美宜居城市，集聚大量人才和投资，带动其他方面指标提升，促进海盐县就地城镇化各方面建设。

再其次，在文化发展方面，海盐县同样大部分指标优于新郑市，整体水平比新郑市高 21.36%，其中图书流通人次是其 7 倍多，每百万人公共图书馆藏书是其 3.6 倍，组织文艺活动次数是其 1.4 倍，仅互联网普及率是其 76.54%。海盐县政府关注农业转移人口的生产生活问题，着力推进农业转移人口的生产生活方式、基本公共服务等方面与城镇居民同步发展，这样，文化发展也会促进海盐县地区就地城镇化经济、政治、社会和生态文明的发展。

最后，在社会发展方面，海盐县许多指标优于新郑市，整体水平比新郑市高了 18.82%，其中人均教育经费财政支出、人均社会保障和就业财政支出这两项分别为新郑市的 2 倍和 1.3 倍，而人均医疗卫生财政支出和农业转移人口就业率分别达到新郑市的 86.14% 和 86.85%，海盐县农业转移人口城镇化率略高于新郑市。虽然海盐县在医疗卫生、教育经费、社会保障和就业财政支出总量上要低于新郑市，但人均财政支出要略高于新郑市，使就地城镇化的成果惠及农民，促进了海盐县就地城镇化其他方面的建设。

（2）新郑市就地城镇化水平在经济发展、文化发展、社会发展和生态文明发展四个方面落后于海盐县，尤其是经济发展方面的人均可支配收入大幅落后于海盐县，该指标使它的就地城镇化水平拉低了 0.1468。然而，它在政治发展方面的指标优于海盐县，整体水平比海盐县高了 14.34%，其中选举权和被选举权保障程度、参政议政机会满意程度和利益诉求渠道畅通程度分别比海盐县高 17.48%、10.02% 和 10.23%，良好的政治发展可以为经济、社会、文化和生态文明发展奠定良好的基础。

应当指出，我们所选取的海盐县和新郑市分别为所在区域就地城镇化先进典型地区，它们的就地城镇化发展水平在区域内处于领先水平，这一点应该得到肯定。由于所处发展阶段不同，导致在一些发展指标上存在差距，也因受限于调查样本数量较少和样本集中来自个别城镇，所以这两个地区就地城镇化水平评价上尚存在一定不足。

2.4　结论与建议

2.4.1　结论

就地城镇化强调以人为本，坚持以经济发展为前提，以有效就业为基础，经济建设、政治建设、文化建设、社会建设和生态文明建设"五位一体"同步推进为目标，实现经济社会可持续发展。根据就地城镇化本质内涵，我们把就地城镇化水平的评价指标设定五个方面，包括经济发展、政治发展、文化发展、社会发展、生态文明发展，根据指标设定的科学性、定量性、可比性、可操作性、综合性等原则，设定了 5 个一级指标和 22 个二级指标，构建了就地城镇化评价指标体系。

我们利用专家问卷调查和层次分析法确定评价指标的权重，结果表明经济发展指标作用最大，尤其人均可支配收入、本地就业人员占比和非农从业人员占比这 3 项指标加总的权重达到了 35.1%；政治发展指标权重也较大，选举权和被选举权保障程度、参政议政机会满意程度等因素成为就地城镇化水平评价的重要指标，城镇化过程中体制改革和民主法治是否顺利发展已成为就地城镇化取得成功的关键因素之一；社会发展指标如人均社会保障和就业财政支出既是其他方面发展的保障基础，也是就地城镇化发展的目标指标，成为就地城镇化水平评价的重要指标。

我们利用选取的东部和中部 2 个典型代表地区海盐县和新郑市的相关数据评价它们的就地城镇化水平，以海盐县作为参照基准来比较分析这两个地区就地城镇化水平。评价结果表明海盐县在经济发展方面人均可支配收入、本地与外出就业农业转移人员平均收入之比、农业转移人员与城镇居民平均收入之比、本地就业人员占比和非农从业人员占比高于新郑市，在文化发展、社会发展、生态文明发展三个方面也高于新郑市；但新郑市在政治发展方面指标优于海盐县，较高的选举权和被选举权保障程度、参政议政满意程度和利益诉求渠道畅通程度，为其经济、社会、文化和生态文明发展奠定良好的基础。

2.4.2 建议

实现农业转移人口就地城镇化，关键是尊重群众的意愿，解决好农民的就业问题、收入问题、生活问题，让农民安心放心。而实现农民就地城镇化的梦想，必须坚持走中国特色新型城镇化道路，推进以人为核心的城镇化，推动大中小城市和小城镇协调发展、产业和城镇融合发展，促进城镇化和新农村建设协调推进。为此，亟待在以下三个方面加以研究和完善。

（1）集聚产业，提高收入水平。在就地城镇化评价指标体系中，农业转移人口收入水平的权重最大。而收入水平的提高离不开地方产业支撑，因此推进就地城镇化时应把产业培育工作放在就地城镇化的首位。海盐县农业转移人口本地就业及其收入较高，得益于新支柱产业强劲发展，2016 年海盐县临港工业、核电关联、装备制造、节能环保和信息智能五大新支柱产业实现规模以上工业产值 371.0 亿元，同比增长 10.3%。[①]因此，在推进就地城镇化时要大力集聚主导产业，并通过以产带城，使农业转移人口不仅"搬得进"，还"住得起、能致富"。同时，随着就地城镇化的不断推进，更多农民转移到第二、第三产业，他们具有农民身份但已不再从事或不主要从事农业，这时应适时推动农业生产的规模化经营，需要解决好农业生产方式从一家一户粗放经营的小农模式向规模化、集约化的大生产模式转型，进一步释放农业劳动力，提高生产率水平，从而提升收入水平。

（2）创新制度，促进城乡一体。在就地城镇化评价指标体系中，政治和社会发展因素作用仅次于经济发展因素。影响其各项二级指标的主要因素是新的城乡二元结构，因此需要继续深入解决新的城乡二元结构问题，加快农业转移人口的市民化，促进农业转移人口在教育、医疗、社会保障和就业保障等方面享受公平的待遇。要加快推进农村土地流转和宅基地使用权制度改革，深化

---

① 资料来自《嘉兴日报》2017 年 4 月 14 日报道《新兴产业迅速崛起 重塑海盐工业经济产业结构》。

农村集体资产确权改革，让农业转移人口在更有确定性的预期下自主选择迁移方式，使他们的权益得到更好的保护和尊重。要建立健全城乡统一的要素市场，使农业转移人口与城镇居民平等地参与就业市场竞争。要维护好农业转移人口的政治权利，进一步提高农业转移人口对民主决策、管理和监督等方面的满意度。

（3）完善功能，提高承载能力。就地城镇化有别于异地城镇化，地方政府需要在基础设施、公共服务、文化建设等方面加大投入力度，只有这样才能吸引和留住农业转移人口。小城镇建设应聚焦于生态文明和文化发展，需通盘考虑基础设施、公共服务、人居环境的配套，按照城市化的标准加强污水垃圾处理厂、图书馆等配套设施建设，完善城镇综合功能，培育宜居、宜业、宜商的优良环境。小城镇还应加强与中心城市的对接，将中心城市的公共服务延伸过来，直至农村新社区。

2.5　本　章　小　结

为适应就地城镇化发展和"五位一体"发展总体布局要求，遵循就地就近、以人为本、市民化和城乡一体原则，从就地城镇化发展的经济、政治、社会、文化和生态文明五个方面构建农业转移人口就地城镇化评价指标体系，从而全面客观地反映各地区就地城镇化发展水平。

本章利用专家问卷调查和层次分析法确定评价指标的权重，结果表明在 5 个方面中经济发展指标作用最大，并进一步利用选取的东部和中部 2 个典型代表地区海盐县和新郑市的相关数据评价它们的就地城镇化水平，以海盐县作为参照基准来比较分析这两个地区就地城镇化水平。评价结果表明海盐县样本区域在经济发展、文化发展、社会发展和生态文明发展四个方面指标较领先，而新郑则样本区域在政治发展方面较领先。

附录：农业转移人口就地城镇化调查表

问卷编号：

调查问卷

省份	县（市）	乡（镇）	村（社区）	户码	是否本地户 （1. 是 2. 否）

户主姓名：　　　　　　　　联系电话：

家庭住址：_____省_____县（市）_____乡（镇）_____村（社区）

被访者签名：

住户成员基本情况：（调查所有住户成员，包括经常居住在本户的人员、户籍在本户但不在本户居住的人员，以及不在本户居住但由本户供养的在外就学的学生。）

问题	编码	住户成员					
		户主 1	2	3	4	5	6
人员代码	A100						
姓名	A101						
一、全部人口填报							
与本户户主的关系？①户主②配偶③子女④孙子女⑤父母⑥祖父母⑦兄弟姐妹⑧其他亲属⑨非亲属	A102						
性别　①男 ②女	A103						
出生年月（填4位年份，2位月份。年份填上，月份填下。）	A104						
年龄	A105						
户口性质①农业 ②非农业 ③其他	A106						

问题	编码	住户成员				
户籍所在地①村内②乡内③乡外县内④县外省内⑤省外⑥其他	A107					
本住宅是否为该成员的常住住宅？①是②否	A108					
是否独自拥有宅基地（非户主宅基地）①是②否	A109					
自有宅基地使用权是否已流转出去？①是②否	A110					
是否独自拥有农地（非户主农地）①是②否	A111					
自有土地经营权是否已流转出去？①是②否	A112					
参加何种医疗保险？（可多选）①农村新型合作医疗②城镇医疗保险③商业医疗保险④其他⑤没有参加任何医疗保险	A113					
对当前医疗社会保障水平是否满意？①是②否	A114					
参加何种养老保险？（可多选）①农村社会养老保险②城镇基本养老保险③商业养老保险④其他⑤没有参加任何养老保险	A115					
对当前养老社会保障水平是否满意？①是②否	A116					
是否在校学生（6 周岁及以上填写）①是②否	A117					
受教育程度（6 周岁及以上填写）①不识字或识字很少②小学③初中④高中⑤中专⑥大专及以上	A118					
对当前受教育便利程度是否满意？①是②否	A119					
对选举权与被选举权得到保障是否满意？（18 周岁以上填写）①是②否	A120					
对民主决策、管理和监督权得到保障是否满意？（18 周岁以上填写）①是 ②否	A121					
通过何种方式连接互联网？①电脑②手机③其他终端④不存在	A122					
二、16 周岁以上非在校人口填报						
是否丧失劳动能力？①是（结束调查）②否	A123					
是否乡村干部？①是②否	A124					
是否乡村教师？①是②否	A125					
本年度是否从业过？①是②否（结束调查）	A126					

续表

问题	编码	住户成员				
三、劳动力从业情况（调查本户所有本年度从业人员，A126＝1）						
本年度主要从业地区①乡内②乡外县内③县外省内④国外及港澳台地区	A127					
本年度是否在本地从事过农业？①是 ②否（→A130）	A128					
本年度本地从事农业纯收入合计（元）	A129					
本年度是否从事过本地非农自营活动？①是 ②否（→A132）	A130					
本年度本地非农自营净收入合计（元）	A131					
本年度是否从事过本地非农务工活动？①是 ②否（→A134）	A132					
本年度本地非农务工收入合计（元）	A133					
本年度是否外出从业过？（指到本县以外从业）①是②否	A134					
本年度外出从业实际得到的收入（元）	A135					
您当前就业状况是①本地务农②本地非农自营③本地非农务工④外出从业⑤其他从业⑥未从业（问卷结束）	A136					

第3章

农业转移人口就地城镇化
发展现状与类型

3.1　国内就地城镇化发展现状

　　自改革开放以来，我国城镇化发展速度一直保持较高的增长水平，城镇化率从1978年的17.9%上升到2017年的58.5%，城镇常住人口从1.7亿增加到8.1亿[①]。城镇化发展道路表现为大中小城市与小城镇结合发展，呈现人口城市化（异地转移）和农村城镇化（就地转移）的双重城镇化方向[②]。就地城镇化作为我国城镇化实践重要实现形式之一，其发展历程表现出明显的阶段性特征：一是1978～1992年，农村就地城镇化起步阶段。以家庭联产承包责任制为标志的农村系列制度改革极大地释放了农村活力，乡镇企业得到了蓬勃发展，形成了"村村点火、户户冒烟"的工业化格局，农村工业化的快速发展创造了大量非农就业机会，形成了农村剩余劳动力"离土不离乡、进厂不进城"的就地城镇化。二是1992～2003年，城郊就地城镇化大发展阶段。自1990年浦东开发开放及1992年邓小平南方谈话以后，城镇高新技术开发区、工业开园区如雨后春笋般崛起，城镇规模急剧扩张，近郊区农村地区快速城镇

　　[①]　资料来自国家统计局网站1978年、2017年年度统计公报。

　　[②]　辜胜阻，易善策，李华. 中国特色城镇化道路研究［J］. 中国人口·资源与环境，2009（1）：47－51.

化成为这一时期就地城镇化的主要形式。三是 2003～2017 年，城乡统筹发展就地城镇化阶段。2003 年，党的十六届三中全会提出五个统筹发展要求，统筹城乡发展成为重要内容。为了加快城乡一体化发展，我国各省区市均选择部分条件较好地区开展统筹城乡发展试点，并将发展经验适时向全省推广，农村居民享有与城镇居民均等化的教育、医疗、就业、社保等公共服务成为改革试点核心内容。四是从 2017 年开始，乡村振兴战略下的就地城镇化。2017 年党的十九大报告提出要实施乡村振兴战略，2018 年 1 月中共中央国务院出台了《关于实施乡村振兴战略的意见》，该意见提出的目标任务、基本原则及实施路径将促进我国就地城镇化又好又快地发展。改革开放以来，历经 40 多年的就地城镇化实践与探索，当前，我国就地城镇化发展现状及特征表现为：一是点面结合，试点示范带动。就地城镇化作为我国城镇化发展方向之一，一直在全国各地稳步发展。为了更好地推进就地城镇化发展，国家及省市层面均选择部分城镇开展试点，以寻找规律、凝聚共识，为国家及省市提供可推广、可复制的经验和模式。2014 年，国家层面开展新型城镇化综合试点，试点单位包括 2 个省、3 个计划单列市、7 个省会城市、25 个地级市、25 个县级市、2 个建制镇，探索就地城镇化规律成为各地试点重要内容，对于县级市与建制镇试点单位更是如此。省级层面，各省基于自身就地城镇化现状及面临的关键问题，开展有针对性的试点工作。浙江省推动就地城镇化试点工作重点落在小城市培育，从 2010 年开始至 2017 年，分三批遴选了 60 个中心镇和 9 个县城进行试点，其目的是增加中心镇与大中城市之间的节点，在控制大城市人口规模的同时，实现人口的就地城镇化。四川省针对城镇体系最薄弱环节，如小城镇建设滞后、基层建制镇承载能力和吸纳能力较弱等，于 2013 年开展"百镇建设行动"，至 2016 年分三批选择 300 个镇试点，重点加大基础设施和公共服务投入，吸引农民就地实现城镇化。经过几年的实践探索，试点无论是国家层面，还是省级层面，都已经形成了一批可推广复制的经验与模式，如山东德州的"两区同建"模式、省会城市近郊市（县）的河南新郑模式和陕西高陵模式、镇改市试点的浙江龙港模式等，这些成功试点对于推动就地城镇化发展起到了积极的示范作用。二是因地制宜，建设模式多样。我国人多地广，地域差异性大，区域经济发展不平衡，各地推进就地城镇化过程中，基于自身资源要素禀赋，因地制宜地选择合适的发展路径，就地城镇化建设模式呈现多样化。

对于浙江省来说，由于村域、镇域、县域经济比较发达，既出现了集镇及小城镇布局分散且规模较小的局面，也出现了如温州龙港镇、柳市镇这样的超级大镇。因此，强化中心镇建设及小城市培育成为近年来浙江省实现土地资源集约利用及提高城镇建设水平，以此推进就地城镇化发展。因此，浙江省的就地城镇化在某种意义上可以称之为扩权强镇模式。对于经济强省山东来说，就地城镇化涌现出了德州模式和诸城模式。德州模式即按照城乡一体发展要求，编制大中小城镇及小集镇四级城镇规划体系，通过村庄合并建设农村新社区，同时配套建设产业园区，实现产城融合发展，全域推进就地城镇化。诸城模式即基于发达的经济及农民本地就业实际，以 2 千米为半径，相邻村庄合并为一个社区，统一配套建设学校、医院、文化、政务服务等公共服务设施，并逐步推进农民集中居住。对于大城市近郊市（县、区）而言，涌现了河南新郑、陕西高陵、四川温江就地城镇化模式，三地均为依托省会城市的区位优势，推进产城协调发展，带动本地农民就地实现城镇化。对于贫困地区而言，涌现了将扶贫战略与新型城镇化战略结合起来的巴中就地城镇化模式。集革命老区、秦巴山集中连片特困区为一体的四川省巴中市将全域扶贫思路主动接轨新型城镇化战略，通过"三三六六"政策体系，推进农民就地城镇化。

3.2 国内就地城镇化典型案例

3.2.1 龙港模式

3.2.1.1 龙港镇简介

龙港镇隶属于温州市苍南县，位于浙江省八大水系之一的鳌江入海口南岸，地处全省最南端的苍南县东北部，东濒东海，西接 104 国道、沈海高速公路和温福铁路，南依江南平原，北邻平阳县鳌江镇。1984 年，龙港镇正式成立，下辖方岩、河底高、金钗河、江口、下埠五村，历经 1992 年、2000 年和 2011 年三次行政区划调整，辖区面积 172 平方千米。

2017 年，龙港镇辖 17 个社区、171 个行政村、22 个居民区，常住人口

44.3 万；地区生产总值 277 亿元，人均地区生产总值为 62528 元，财政总收入 25.5 亿元，城镇常住居民人均可支配收入 49038 元，农村常住居民人均可支配收入 25145 元[①]。历经三十多年的发展，龙港将最初五个小渔村建成为"中国第一座农民城"；然后从农民城向产业城转身，先后获得"中国印刷城""中国礼品城""中国印刷材料交易中心""中国台挂历集散中心"四张国字号名片；再从产业城向小城市嬗变，先后被列为全国小城镇建设示范镇、浙江省小城市培育试点镇、国家新型城镇化综合试点镇。2017年，全国综合实力千强镇排名中，龙港镇位列第十八，排行温州市乡镇第二位[②]。

3.2.1.2　龙港就地城镇化的主要特点

龙港城镇化迥异于我国传统城镇化模式，其发展进程就是在市场力量驱使下，本地农民不断向城镇集聚，并主导城市建设的典型就地城镇化模式，亦被誉称为"中国第一座农民城"。从制度变迁视角，可将龙港就地城镇化划分为三个阶段：一是以允许农民自由进城建房落户开创就地城镇化阶段（1984～1994 年），即允许农民以自理口粮形式，在缴纳一定土地占用费后，可以在城镇自费建房成为城镇居民；二是以全国小城镇综合改革试点指导提升就地城镇化阶段（1995～2009 年），根据户籍制度改革政策将原有的农业户口、非农业户口、自理口粮户口及其他类型的户口统一登记为城镇居民户口；三是以浙江省小城市培育试点深化就地城镇化阶段（2010 年至今），通过推进户籍制度改革等四大改革措施把龙港建设成为特色鲜明、经济发达、功能完备的现代化小城市。龙港就地城镇化历程有别于我国其他就地城镇化模式的主要特点有以下三个方面。

（1）农民自由入城，自费建城。1984 年，龙港镇提出"地不分东西，人不分南北，欢迎农民进城"口号，吸引进城农民集资建设城镇。住房由进城农民根据不同地段价格缴纳一定的土地征用费后按照政府统一规划自筹经费建设，城镇公用基础设施如道路、供水设施、排污系统等建设费用主要来自进城

---

① 资料来自 2018 年龙港镇政府工作报告。
② 资料来自 2017 年的《中国中小城市发展报告绿皮书》。

农民缴纳的土地征用费和公用设施费，设摊经商设施如菜市场等由经商农民集资建设，而教育、文化等设施则由公司企业、经营大户、企业家等捐资建设。到 1984 年底，有 3 省 7 县的 5000 多户申请进镇建房落户，根据问卷调查，其中 86% 以上的住户来自苍南县金乡、宜山、钱库、水头等其他乡镇①。由此可见，本地县域农民是城镇化的主体。到 1985 年，在不到一年的时间内，已建成不同格局店宅合一的 3 ~ 5 层楼和建筑物 45 平方米，总长为 21 千米的街道 15 条，初步建成一个能容纳 3 万人的小集镇②。到 1992 年，龙港非农人口已占总人口的 1/3，到 20 世纪末，龙港已有 1 万多户，6 万多人办理了户改③。

（2）农民创业创新，聚产荣城。龙港之所以能够成为拥有"中国印刷城"等四张国字号名片的产业城，靠的是鼓励进镇农民创业创新，大力发展民营经济。能够在缴纳土地征用费后仍有资金进城建房的农民，都是改革开放以后拥有一定市场经济头脑、一技之长的已发家致富的能人农民即专业户、重点户，这批落户龙港具有城镇市民身份的能人，在政府支持民营经济发展的政策引导下，结合自身能力与城镇所具有的交通便利、信息灵通、劳动力充沛的市场环境，纷纷在龙港投资办厂及建设专业市场。到 1988 年，私人企业、乡镇企业及股份企业生产总值为 1.03 亿元，占工农业总产值 61.7%；专业市场超过 11 个，市场成交额 3.23 亿元④。到 1994 年，建镇 10 周年时，龙港镇在温州所有小城镇中综合实力已排到第一位，工农业总产值为 17.28 亿元。到 2013 年，全镇实现生产总值 176.6 亿元，有工业企业 3102 家，个体工商户 37125 户，商贸企业 1477 家⑤。

（3）政府改革创新，环境兴城。龙港从最初的小渔村向农民城、产业城、现代小城市的不断跨越，离不开政府持续的改革与创新。"中国第一座农民城"的建立，离不开当初龙港党委政府的大胆突破创新。一是率先提出土地

---

① ④　刘爱玉. 中国第一座农民城：龙港镇的崛起和发展 [J]. 北京大学学报（哲学社会科学版），1990（4）：14 - 19.

②　戴卫国，等. 城镇建设的新路子：温州龙港镇集资建镇调查 [J]. 探索与争鸣，1986（6）：51.

③　李金册，等. 三十岁的城市：龙港的孕育、诞生与发展 [M]. 杭州：浙江大学出版社，2014.

⑤　丁振俊在龙港建镇 30 周年纪念大会上的讲话《改革创新书写辉煌历史　转型发展再创龙港辉煌》。

有偿使用，根据不同地段以不同的价格有偿出让给进城农民自建住房；二是推行户籍制度改革，允许农民以自理口粮形式进城建房办厂落户，成为城镇居民；三是大力推动各种所有制经济形式发展，鼓励国有、集体、个体、外资等以合股投资、合资经营或独资经营等形式开办企业，发展经济。进入 21世纪以后，龙港改革创新先发优势逐步弱化，发展步伐明显滞后于温州其他更具区位优势的城镇，龙港镇及时调整产业发展思路，以工业园建设为载体，改造提升传统产业，大力发展新兴产业，实现了从农民城向产业城的跨越。为突破特大镇"镇级体制、县级体量"，管理与服务出现"小马拉大车"这一桎梏龙港城市化发展的困境，龙港主动尝试小城镇综合改革，构筑小政府运行机制，先后成为 1995 年全国小城镇综合改革试点镇、2009 年温州市强镇扩权改革试点镇、2010 年浙江省小城市培育试点镇、2014 年国家新型城镇化综合改革试点镇，这些改革试点为龙港城市化建设不断做出新的探索与突破。

3.2.1.3 龙港就地城镇化的驱动因素

（1）区域增长极建设需求。1984 年诞生的龙港镇承担着发展成为苍南县经济中心的重任。之所以选择龙港，源于一江之隔的平阳县鳌江镇以港兴镇的成功经验，将拥有良好港口资源和条件的龙港打造成为县城经济中心，成为刚刚成立不久"一穷二白"的苍南县的不二选择。但是苍南县财政无法落实龙港镇建城经费，以致新城建设推进缓慢。在此情况下，大胆放开农民入城，鼓励其自费建城，在一年时间就由进城农民筹集到 1.33 亿元资金用于城市公用设施建设①。城市建设的快速推进，增强了龙港集聚要素的能力，使龙港成为苍南经济发展的增长极。从 20 世纪 90 年代开始，龙港各项主要经济指标均占苍南县 50% 左右，经济综合实力位居温州市乡镇前列②。

（2）产业集聚发展需求。龙港支柱产业为印刷、纺织、礼品、塑编等，这些产业均为资源消耗大的劳动密集型产业，企业规模也以中小型企业为主，

---

① 刘爱玉. 中国第一座农民城：龙港镇的崛起和发展 [J]. 北京大学学报（哲学社会科学版），1990（4）：14 - 19.

② 李金珊，等. 三十岁的城市：龙港的孕育、诞生与发展 [M]. 杭州：浙江大学出版社，2014.

这样的产业结构与企业形态需要大量的土地与劳动力资源，驱动龙港镇不断向农村地区扩张。2000 年，龙港镇建成区面积 10 平方千米，人口 10 万，2010 年建成区面积 19 平方千米，人口 25 万[①]。为了更好地满足产业发展对土地和劳动力资源的需求，苍南县 3 次扩大龙港镇版图，经历 1992 年、2000 年、2011 年三次区划调整，将沿江乡、龙江乡、白沙乡、海城乡、湖前镇、平等乡、江山乡、舥艚镇、芦蒲镇、云岩乡 10 乡镇并入龙港镇。2014 年龙港统计资料显示，规模以上印刷与塑料制品企业平均人数分别为 6102 人、2707 人，远高于其他制造业的 2495 人[②]。周边乡镇梯次并入助推产业集聚发展，产业集聚发展也以提供就业及税收助推农村城市化及农民市民化。

（3）农民市民化需求。新中国成立后所确立的城乡二元分割体制导致城乡居民之间存在较大社会福利差距，成为一名市民一直以来是农村居民的梦想。改革开放以后，国家逐步放开了农民向城市流动的种种限制，农民可以进城就业谋生，但是由于户籍身份的限制，其并不能像一名真正的市民那样享有城市的各种福利与便利。农民渴望成为一名正式市民，特别是那些先富起来的农民专业户及已脱离农业在城市就业的农民工则更为热切。建镇之初龙港镇出台优惠政策，吸引敢为天下先的先富农民来龙港落户、建房、办厂。这不仅一举解决了城市建设所需的资金，也为城市发展引进了急需的人才与产业，产业化与城市化良性互动发展吸引着更多的农民聚集龙岗落户、就业、创业，促进大量农村居民就地市民化。龙港的统计数据也证实了这一过程，2005 年，龙港镇户籍人口 24.09 万，其中建成区户籍人口 9.17 万，户籍人口城镇化率 38.1%；2014 年，龙港镇户籍人口 36.7 万，其中建成区户籍人口 17 万，户籍人口城镇化率为 46.3%，远高于温州市的 21.6% 以及浙江省的 32.5%[③]。

3.2.1.4　龙港就地城镇化存在的不足

（1）镇级城市体制桎梏，就地城镇化发展水平受限。龙港是就地城镇化的成功案例，从 6000 人的五个小渔村发展到人口 44.3 万，生产总值达 277 亿元的特大镇。无论从人口规模，还是从经济实力，龙港已经不亚于甚至超国内

---

①　李金珊，等 . 三十岁的城市：龙港的孕育、诞生与发展 [M]. 杭州：浙江大学出版社，2014.
②③　资料来自 2015 年龙港镇人民政府提供的调研汇报材料。

许多县级市或地级市。从 2013 年统计数据看，龙港镇城镇人口 25.2 万，从 2010 年全国第六次人口普查可知，我国 48.6% 的县级市（即 180 个）城镇人口低于 25 万，财政总收入为 18.8 亿元，全国有 37.8% 的县级市（即 140 个）低于这个水平①。但在行政体制上，龙岗仍然是镇，"镇级建制、市级规模"使得龙港镇在发展过程中存在四种不匹配现象。一是要素配置与经济规模不匹配，土地资源由县里统筹下达，远不能满足经济社会发展需要，财政资金由县里统收统支，造成乡镇可支配财力偏低；二是管理力量与城镇规模不匹配，外来人口的激增，在缺乏人事调配权自主权的情况下，导致管理不到位；三是执法权限与管理需求不匹配，基层镇政府缺乏许可权、处罚权、强制权，发生问题时不能及时处理而只能上报待相关部门处理；四是城市品质与居民需求不匹配，城市空间布局混乱、逼仄拥挤及环境脏乱差与群众对城市文明的向往相差甚远。这种体制的制约使得龙港镇在三十年多年的发展过程中始终没有实现从农民城向现代小城市的跨越，县级城市管理权限始终处于放权与收权来回动荡中，城镇化发展水平受限。

（2）产业转型升级困难，就地城镇化牵引力弱化。2014 年，龙港工业总产值 378.28 亿元，其中排名前三的产业为印刷业、纺织业、塑料制品业，其工业产值分别为 84.79 亿元、78.74 亿元、58.42 亿元，三者合计占龙港工业总产值的比重为 58.7%；全部工业企业合计 23126 家，其中规上企业 151 家，规下企业 22975 家，排名前三产业规上企业合计 99 家，工业总产值 68.69 亿元，企均产值仅 6938 万元，占三个产业工业总产值的比例为 30.95%②。传统的印刷、礼品、纺织、塑编四大传统支柱行业虽然产值大，但产业链短、层次低，产品附加值比较小，各行业主要依赖少数几家企业支撑，优势明显的产业集群尚未形成，产业"低、小、散、乱"的状况没有根本改变。2014 年，印刷业、纺织业、塑料制品业 99 家规上企业合计利润仅 1.67 亿元，平均盈利 169 万元，利润率仅 2.47%③。转型升级困难的直接后果就是企业科技研发投入不足，产品创新乏力，市场开拓力度不强，区域性产业衰退的风险很大。产业转型升级困难影响就地城镇化的可持续发展。

---

① 中共中央党校经济学教研部. 中国新型城镇化调查［M］. 北京：中共中央党校出版社，2014.
②③ 资料来自 2015 年龙港镇人民政府提供的工业企业发展状况汇报材料。

（3）城乡一体发展相对滞后，就地城镇化推进方式单一。龙港镇三十年的发展历程就是本地农民不断就地实现城市化的过程，其推进方式就是利用城市在公共福利与服务方面的优势吸引农民落户城镇。龙港无论是建镇之初，通过户籍制度改革，允许周边地区的农民以自理户口、自带口粮方式落户城镇，还是近年来不断完善基本公共服务体系，保障进城农民在子女入学、就医、保险等方面与城镇居民享有同等的待遇，都可称之为"引民融城"式的就地城镇化。利用城市优势吸引农民向城镇集聚的城市优先发展战略，不仅有利于助推城市经济社会发展，而且也满足了农民入城转化为市民的愿望。但是，从公平角度看，农村居民也应享有与城市居民同等的社会福利与便利，让农民不用进城在农村就能享受到城市文明，这种方式可称之为"城乡一体"式的就地城镇化。当前，龙港经济社会发展已步入城乡一体化发展阶段，应该让农民根据自身偏好选择就地城镇化实现方式，但是龙岗工作重点仍然以"扩权强镇"建设现代化小城市方式强化城市优势来推动就地城镇化，相对忽视配套设施齐全的农村新社区发展。

3.2.2　海盐模式

3.2.2.1　海盐县简介

海盐县隶属于浙江省嘉兴市，位于浙江省北部富庶的杭嘉湖平原，东濒杭州湾，地形似一个顶角朝南的等腰三角形，东西最宽处相距约 31 千米，南北相距约 33 千米，陆域总面积 584.96 平方千米，境内河道纵横，总长 1860.7 千米，骨干河流有盐平塘河、盐嘉塘河、长山河、白洋河等，海湾面积 537.90 平方千米，岛礁 0.48 平方千米①。海盐县是马家浜文化、崧泽文化和良渚文化的发祥地之一，距今 5000 多年前县境就有先民从事农牧渔猎活动，秦王政二十五年（公元前 222 年）置县。

2017 年，海盐县辖武原、秦山、元通、西塘桥 4 个街道，沈荡、百步、于城、澉浦、通元 5 个镇，49 个城市社区，85 个行政村，全县户籍人口 38.29

---

① 资料来自海盐县人民政府网站 http：//www.haiyan.gov.cn/col/col2/index.html.

万。地区生产总值 460.1 亿元，按户籍人口计算，人均生产总值为 120750 元（折合 17884 美元），三次产业比例为 4.4：58.6：37。公共财政总收入 71.16 亿元，一般公共预算收入 40.65 亿元。城镇居民人均可支配收入 54633 元，农村居民人均可支配收入 32177 元①。海盐县先后获得全国文化、科技、计生、体育先进县，国家级生态示范区，国家园林县城等称号。

3.2.2.2 海盐就地城镇化的背景

2012 年，海盐县开展了以深化农村产权制度改革为主要内容的全国农村综合改革示范试点工作，并以此为纽带进一步全面深入推进了就地城镇化，武原街道被列为全国发展改革试点镇，沈荡镇、澉浦镇被列为省级中心镇，澉浦镇、百步镇被列为首批嘉兴市小城市培育试点镇。

（1）产业实力雄厚，具备了就地城镇化的基础与条件。海盐的工业发展基础较好，改革开放初期乡镇企业发达。发达的乡镇工业为就地城镇化提供了良好的发展基础。数据显示，2012 年海盐县全年实现生产总值 300.90 亿元，按户籍人口计算，人均生产总值为 80183 元，按常住人口计算，人均生产总值为 69252 元，三次产业比例为 6.9：62.4：30.7，工业经济发达，全年工业企业实现总产值 688.85 亿元②。发达的工业经济不仅带来财政收入和人均收入的提升，而且为本地农民非农就业提供了大量的就业机会，这为海盐顺势推动全域就地城镇化打下了坚实基础。

（2）城乡发展均衡，保证了就地城镇化平稳地过渡。海盐就地城镇化的成功实施并非一蹴而就，21 世纪初，在市级政府带动下实施的城乡统筹和城乡一体化战略为就地城镇化的实施搭建了平稳过渡的桥梁。在公共服务城乡一体化的建设中，海盐县一直坚持城乡公平发展，努力缩减城乡之间的差距。城乡医疗服务水平不断提升、基本实现"服务一生，记录一生，健康一生"的城乡卫生一体化服务目标。同时，在就业、教育文化方面不断缩小城乡差距。城乡居民收入比一直稳定在 2：1 左右，城乡发展较为均衡。同时，海盐县外来人口占比较少，为农民就地非农转移创造了现实基础。

---

① 资料来自 2017 年海盐县国民经济和社会发展统计公报。
② 资料来自 2012 年海盐县国民经济和社会发展统计公报。

（3）先期系列改革，营造了就地城镇化的政策基础。海盐是历史上马家浜文化、崧泽文化和良渚文化的发祥地之一，深受海洋文化影响，使海盐人具有勇于创新、敢干敢创的文化基因。20 世纪 60 年代"凤凰山下十姑娘"的事迹，在《人民日报》报道，"创新、科技、团结、实干"的精神影响了一代人。80 年代涌现了乡镇企业改革先锋步鑫生，1983 年其事迹成为全国典型，"步鑫生神话"当时轰动全国。在 21 世纪初开展的集体经济产权制度改革一直贯穿于海盐的历年发展中，意图维护农民的财产权益，实现其社会身份和经济身份的分离。同时，对村庄的重新规划、土地流转的推进、新型农业经营主体的推动、各种配套服务体系的建设，为海盐县顺利开展就地城镇化做好了铺垫。

3.2.2.3　海盐就地城镇化的举措

（1）以产权制度改革为纽带，搭建整体框架。海盐县立足县情实际，在推进新型城镇化道路上进行了大量积极探索和尝试。特别是在被列为全国农村综合改革示范试点以来，海盐县以产权制度改革为突破，搭建城乡一体发展整体框架。一是明确产权，颁发权证。根据浙江省"三权到人（户）、权随人（户）走"改革部署，将集体土地承办权、宅基地使用权、集体经济组织股权明确到人（户），登记造册，颁发权证。在明确产权的基础上，开展村（社区）集体经济组织股份合作制度改革试点，将社员身份与股份权分离，按照股份合作制度完善组织架构和治理机制，提高组织运营效率。二是活化产权。一方面，通过建立农村产权交易中心，使得农户土地承包使用权、农村集体经营资产、荒地使用权等可进行交易，让原本沉睡的资产活化为可用的资金；另一方面，通过创新金融产品，如"农钻通"等产品，可将农村确权颁证的产权进行抵押以获取资金。三是城乡一体发展。在基础设施建设方面，如水务、供电、通信等，实现一体化发展。在公共服务方面，加强文化、医疗优质资源下沉，统一城乡合作医疗标准，实现城乡社会保障全覆盖。

（2）以土地整治为重要载体，完善城乡规划布局。通过农村土地整治工作，统筹城乡土地资源配置，既有利于保持现有耕地面积，又有利于保障工业和城市发展用地需要，也是推动农民就地城镇化的重要举措。将土地整治工作与优化城乡规划布局有机结合起来，发挥土地综合利用效益，引导农业向新社区、城镇集聚，以此破解城乡二元结构，推动"三农"问题解决。在土地整治过程中，充分尊重农民的意愿，通过建立组织保障、政策保障、资金保障、考核保障，确保农民利益。与此同时，同步推进农房集聚、土地流转、现代农业经营主体培育、农民非农就业等工作。2006 年，海盐县开展了村庄布点规划完善和村庄建设规划编制工作，按照"基层村不小于 50 户，中心村不小于 200 户"的标准对原布点规划进行优化，加快农民集聚。2007 年，对原有规划进行优化，按照"基层村不小于 100 户，中心村不小于 300 户"的标准，全县村庄规划点调整至 419 个，其中中心村 72 个、基层村 334 个、城镇社区 13 个。2012 年，出台了《"1 + X"点规划完善原则性意见》，村庄规划布点调整为 9 + 54 + 307，即共置 9 个新市镇社区（组团 38 个），城乡一体新社区 54 个，307 个保留村庄。

（3）以维护农民权利为根本，促进公平发展。在村民维护集体经济组织权益方面，通过集体经济产权股份制改革，将资产以股权的形式量化到个人（户），并颁证确认。并根据各村的实际情况，设置了诸如"集体劳动补偿股""人口福利股"等股权形式，确保每一个应该享有集体经济组织利益的个人都能获得相应数量的股权，兼顾历史村民、现实村民以及未来村民利益的平衡。在维护就业权方面：一是通过创新创业资金扶持方式，如建立农村党员创业贷款扶持项目，帮助有创业意愿的人员通过创业实现就业；二是加强农村劳动力培训，如开展农村"两创"实用人才培训，提高农民就业技能；三是创新人才评价方式，授权企业直接评价技能人才，使得大量有技术无文凭的农村技术工人拥有技能人才资格证书；四是建立农村劳务合作社，定向解决就业困难人员就业问题。为维护教育权方面：通过县内教师岗位流动制、城乡结对学校教师互派制及城区中小学副校长调任农村学校校长等方式，提升农村中小学教育质量，逐步实现城乡教育均等均质化。在维护社保权益方面：通过分类建立职工基本养老保险、被征地居民基本生活保障和城乡居民基本养老保险制度，基本实现了社会保障的全覆盖。

3.2.2.4 海盐就地城镇化的成效

（1）资源配置优化，农民就地转移。海盐县通过土地整治，加强城乡社区建设，引导农民有序就地转移。截至 2014 年上半年，通过土地综合整治，整治了 177 个"空心村"、小散村，已形成新市镇集聚点 9 个，累计搬迁农户

1.78 万户；抓好土地整治后的连片流转，整合了千亩以上连片良田 28 块，新增土地流转面积 2.1 万亩，累计流转土地 17.84 万亩，土地规模化率达 53.53%[①]，以此促进了农民居住集中、耕地集中、产业集中，为就地城镇化奠定了坚实基础。在土地流转基础上，加强城乡社区建设。至 2013 年年底，全县 9 个新市镇社区 38 个组团中有 23 个组团已经启动建设，69 个新农村社区中有 45 个启动建设，初步建成秦山街道欣欣社区、百步镇百禾花苑、开发区海港花苑等一批新市镇社区。同时，加强社区配套建设，提升城乡居民生活品质。

（2）产城融合发展，农民就地就业。海盐的就地城镇化以就地就近实现非农就业和市民化为目标。一是通过优化城镇布局，重点加强经济开发区、南北湖风景区、滨海新城、中国核电城建设，提升城市品质，以城区建设推进农民集聚及市民化。二是加快产业转型升级步伐，改造提升紧固件、纺织服装、造纸及纸制品、食品药品四大传统产业，重点培育临港产业、核电关联、装备制造、节能环保、电子电器五大新支柱产业，以产业发展推进非农就业。2013年，海盐三次产业从业人口分别为 4.84 万、18.77 万、6.82 万，发达的第二、第三产业吸纳了 84% 的劳动人口[②]。为了实现充分就业，通过创建充分就业社区（村）、建立农村劳务合作社等方式，帮助就业困难人员如 40 岁以上的女性和 50 岁以上的男性实现就业。

（3）公共服务均等，农民就地市民化。通过基础设施均等化、公共事业均等化、社会保障均等化、社区服务均等化，让每一位海盐居民，同享一座城的发展，共守一座城的幸福。实施农村饮用水安全工程，解决了近 6 万农民的饮水安全问题，在全市率先实现了城乡水务的同网、同质、同价。加强农村电网的智能化水平建设，实现农村电网智能总保全覆盖。各镇（街道）均实现 15 分钟上高速，推行城乡公交一票制，实现村村都通公交。探索实施村（社区）医生委培机制，实现了标准化的医务室村级全覆盖，城乡居保、城乡合作医疗、城乡养老保险等也基本实现城乡全覆盖。重视农村环境卫生，农村生活垃圾收集有偿服务覆盖率达 100%，农村卫生户厕比率达到

---

① 资料来自 2014 年海盐县政府提供的海盐就地城镇化工作汇报。
② 资料来自《海盐县统计年鉴 2014》。

98.66%，农村生活污水治理行政村覆盖率达78%[1]。形成了"县、镇（街道）、村（社区）、户"四级网格化公共文化服务体系，农村文化阵地总面积达到35757平方米，建成镇（街道）图书分馆7个，实现健身苑、标准灯光篮球场和60平方米以上室内活动室镇（街道）全覆盖[2]。村村建立农村社区综合服务中心，实现96345百姓求助热线全覆盖，实施村"两委"坐班制和错时工作制。

3.2.2.5　海盐就地城镇化存在的不足

（1）就地城镇化的软硬件环境有待进一步完善。"就地城镇化"必须以产业为支撑，产业为农民生活质量的提升、充分非农就业、人口集聚提供了空间。当前，海盐仍以五金、建材、造纸、化纤制造等传统产业为主导；服务业，特别是生产性服务业发展滞后，低端且不合理的产业和产业结构难以支撑海盐经济社会可持续发展，也难以满足农业转移人口就业需求。近年来，海盐通过布局"两区两城"及实施工业转型升级"415工程"来优化产业结构及夯实产业基础，虽已经取得积极进展，但是应该进一步扬长避短，突出特色，根据资源禀赋和区位特点选择支柱性产业部门，因地制宜把各类产业园区打造成为县域农村就地转移就业的主要载体和平台，进一步提升就业质量。与此同时，海盐也应该努力打造就地城镇化的软环境，突出以人为本。一是城乡权益均质化有待进一步深化，长期坚持的城市优先战略，使城乡居民在许多方面（如公共基础设施完备性、公共服务质量等）的鸿沟难以在短期内填平；二是农村生态环境保护与污染治理有待进一步强化，应该将农村新社区建设成为配套设施齐全、功能完善、服务优良的亦城亦乡之地；三是在注重公共文化服务体系硬件设施建设同时，不要忽视软件建设，着重挖掘乡村历史文脉、民俗风情、建筑艺术，构建其特色，打造有文化内涵的社区小镇。

（2）农民就地城镇化的推进节奏有待进一步优化。从我们对农民就地城镇化迁移决策及满意度调查结果可知，农户对就地城镇化后的生态环境问题、生活方式改变表现出强烈的关注，担心食品安全、空气质量、城镇生活的适应和融入等问题。农户仍比较留恋"一户一宅"的居住方式，不适应城镇公寓

---

①②　资料来自2014年海盐县政府提供的"就地城镇化的海盐样本"资料汇编。

式住宅。同时，农户对就地城镇化后的民主政治权利问题态度冷淡，也有可能
缺乏政治参与能力与自信。同时，农村人口存在群体分化现象，面对均质化的
制度安排，每个阶层的"就地城镇化"意愿和所要承担的风险必将不同。因
此，农村人口"就地城镇化"应强调以人为本，有序推进，宜城则城、宜乡
则乡，不可操之过急。就地城镇化并非一蹴而就，而是一个长期渐进的过程，
把握就地城镇化农民转移的节奏尤为重要，即需要有序推进，政府需要加大对
农民转移的帮扶力度，以维护农民权益为根本，以就业培训提升农民非农就业
能力，加强社区工作宣传与公民意识教育，促进农民参与社区管理，积极引导
农户融入城镇生活，使农村人口逐渐适应生产方式与生活方式的改变。

3.2.3　高陵模式

3.2.3.1　高陵区简介

高陵区隶属陕西省西安市，位于陕西省关中平原腹地，西安市北部，泾
河、渭河两岸，因境内有奉正塬，塬体高隆，称塬为陵，故名高陵。高陵区总
面积 294 平方千米，东西长 20.55 千米，南北宽 20.1 千米，境内一马平川，
素有关中"白菜心"之美称。高陵于秦孝公 12 年（公元前 350 年）置县，是
全国建县历史最早的县份之一，2015 年撤县建区。

2017 年，高陵区下辖 3 个镇，4 个街道办，1 个管委会，86 个行政村，
423 个自然村，740 个村民小组；常住总人口 35.4 万，地区生产总值 377.1 亿
元，人均地区生产总值为 106510 元，三次产业比例为 8.7∶66.3∶25，第二产
业发达，规模以上工业增加值达到 224 亿元，一般公共财政预算收入 11.7 亿
元，城镇居民人均可支配收入达到 31974 元，农村居民人均纯收入达到 17934
元①；荣获"陕西十强县""西部百强县""全国县域经济科学发展十大范例
县"等荣誉。

3.2.3.2　高陵区就地城镇化的背景

高陵区就地城镇化肇始于 2008 年高陵县被确定为西安市统筹城乡综合配

---

① 资料来自 2018 年高陵区政府工作报告。

套改革试点及 2009 年被立为城乡统筹省级示范区改革试点，2014 年成为国家新型城镇化综合改革试点后进一步加快了就地城镇化进程。西安市和陕西省之所以选择高陵县作为改革试点，其主要有三个方面的原因。

（1）发达的工业经济为改革试点奠定了经济基础。2008 年，作为陕西省排名第七位的 10 强县，高陵县地区生产总值为 88.53 亿元，人均地区生产总值 31573 元。其中第一产业产值 8.87 亿元，占比 10%；第二产业产值 67.12 亿元，占比 75.8%；第三产业产值 12.54 亿元，占比 14.2%。发达的工业经济不仅为高陵县提供了大量的就业机会，而且也贡献了绝大部分财政收入，2008 年一般预算收入 3.09 亿元，其中 80% 以上来源于工业企业；2008 年城镇居民人均可支配收入达到 11890 元，农民人均纯收入达到 4708 元[①]。发达的第二产业及较强的经济实力是推动试点工作的前提，没有产业支撑的城乡一体化是不可持续的。

（2）产业化与城镇化互动发展经验有助于改革试点顺利推进。高陵区历史上是以关中"白菜心"著称的农业县，工业经济发展肇始于 20 世纪 90 年代，通过创办泾河工业园，利用紧贴西安的区位优势及紧抓西安建设国际化大都市的历史机遇，通过引进长庆石油集团、陕西汽车集团、中钢集团、兵器工业集团等大企业落户园区，发挥大企业的产业配套带动作用，从而根本上改变了高陵区以农业为主的经济结构。2000 年高陵县地区生产总值为 10.38 亿元，三次产业比例为 32.2：45.2：22.5，至 2008 年地区生产总值急剧增长到 88.53 亿元，三次产业比例调整为 10：75.8：14.2，第二产业处于绝对主导地位。至 2008 年，泾河工业园已聚集人口达 8 万多，成为西安北部新崛起的集产业、居住、生态、文化于一体的新城。在十多年的产城互动发展过程中积累的经验，特别是对工业园区扩展过程的失地农民安置与扩大就业的经验，对于推动城乡统筹发展改革试点具有指导意义。

（3）典型的城乡二元分割特征使得改革试点具有普适性意义。从 2000～2008 年统计数据看，高陵县地区生产总值由 10.38 亿元增长到 88.53 亿元，8 年时间增长 7.5 倍，第二产业产值从 4.69 亿元增长到 67.12 亿元，增长 13.3 倍，工业经济的急剧增长带来了大量的就业，而城镇户籍人口从 2.53 万增加

---

① 资料来自 2008 年高陵县国民经济和社会发展统计公报。

到 6.24 万，增长 1.5 倍①。高陵由农业大县向工业强县迈进过程中，为本地农民带来了大量就业岗位，从而增加了农民工资性收入，但是在 2008 年，高陵县城乡居民收入差距仍达 2.53 倍。高陵县在推进工业化、城镇化进程中所呈现出的城乡二元分割特征在陕西乃至我国具有普遍性，以高陵为试点所取得的经验将对其他城市的城乡一体化发展具有借鉴意义。

3.2.3.3　高陵就地城镇化的举措

（1）创新就地城镇化路径，推进全域城镇化。一是完善传统的"引民入城"式城镇化路径，制定出台了《推进农村居民进社区居住指导意见（试行）》及六个配套文件②，对于不同条件状况的农民（如失地农民、城边村农民、常住城镇农民等），提供多种入城选择机会，利用城市优质的公共服务资源、完善配套的基础设施和优惠的置换标准，鼓励和引导农民自愿进城居住。截至 2015 年，全县有 2.4 万余户、8.7 万余人实现了居住地转移和由农民向市民转变③。二是走"城乡一体化"式的城镇化道路，通过编制《高陵县新型社区布局规划》及制定《高陵县新型农村社区建设实施办法》等 8 个配套文件，将全县 88 个行政村规划聚合为 32 个新型社区，探索出"城边村并入、城中村融合、小村并大村"三种建设模式，将分散居住的农民集体迁入配套设施完善的新型社区，生活方式由农民向市民转变。截至 2015 年，已完成东樊、何村、田家、姬家 4 个示范性社区建设，9 个行政村 2 万多农民享受到了优质的公共服务④。在提供多种入城机会选择的同时，在全省率先启动户籍制度一元化改革，取消农业和非农业户籍，针对附着在户籍上的差别福利，允许转户居民 5 年内按照"就高不就低、自由选择、不重复享受"原则，自主选择政策待遇。

（2）深化农村产权制度改革，免除农民进城之忧。一是明确农村产权到人（户）。制定出台了《高陵县农村产权制度改革实施方案》《高陵县集体土地所有权确权登记工作实施办法（试行）》等 5 个政策文件，对农村集体土地

---

① 资料来自 2000 年、2008 年高陵县国民经济和社会发展统计公报。
② 高陵模式所引用的政策文件名称均来自"高陵县城乡发展一体化工作资料汇编"。
③④ 资料来自 2016 年高陵区发改局提供的高陵区国家新型城镇化综合试点工作进展情况汇报材料。

所有权、土地承包经营权、集体建设用地使用权、农村房屋所有权"四权"进行确权、登记、颁证，使得农村资产可以自由流通，可由"沉睡资产"变成货币资本。2014 年，农村产权确权登记实现了全覆盖，颁发各类证书 8.5 万余本，办证率达 95% 以上[①]。二是实施农村集体资产股份制改革。制定了《高陵县农村集体资产经济组织股份制改革工作实施方案》及《高陵区积极发展农村股份合作赋予农民对集体资产股份权益改革实施方案》政策文件，积极发展农民股份合作，赋予农民对集体资产股份占有、收益及抵押、担保等权利。三是完善制度，让确权的农村资产活化。制定发布《关于成立高陵县农村产权交易中心的通知》《关于开展农村土地承办经营权抵押贷款的意见》等 10 个政策文件，确保农村土地承包经营权可流转及可抵押、农村房屋所有权及集体建设用地使用权可抵押等。

（3）创新社会管理体系，提升公共服务效率。基于全县 88 个行政区村整合成 32 个社区这一全域社区化局面，高陵县适时创新完善社会管理体系。一是实施农村社区化管理改革。制定了《高陵区农村新型社区组织机构框架》文件，通过撤销村民委员会，成立社区居民委员会，以推进村级管理模式向社区管理模式转变。二是完善农村新型社区配套设施建设。最基层的农村新型社区服务中心按照"十有两配套"（"十有"指有医疗计生服务站、产业发展指导服务站、综治维站、综合服务站、警务室、党员活动室、文体活动室、图书阅览室、幼儿园、中心广场；"两配套"指配套商业服务区和产业发展区）设置，为社区居民提供文化、教育、医疗等 35 项工作服务。

（4）推行公共服务均等化，让农民共享均质服务。在教育方面，对于高陵户籍青少年儿童，在幼儿园、小学、初中、高中阶段可享有免费教育；对大学生，通过"四年无忧大学教育"政策确保每一个大学生不因贫困而辍学；另外，城乡义务教育"蛋奶工程"全覆盖。在医疗卫生方面，一是实现区、镇（街道）、社区医疗卫生管理一体化，由区一级对镇（街）卫生院实行"三个统一、三个不变、三个制度"管理，镇街卫生院对社区实行"六个统一、两独立"的直接管理，以提升基层医疗机构管理水平与诊疗能力；二是实现社区甲级卫生室全覆盖，做到诊断室、治疗室、观察室、药房、预防接种五室

---

① 资料来自 2016 年高陵区发改局提供的高陵区国家新型城镇化综合试点工作进展情况汇报材料。

分离及药品统一配送。在社会保障方面，一是实行"三合一"新型社会养老保险，即当前的城乡居民社会养老保险，参保人数达 13.4 万，参保率达到 98%①；二是允许新型养老保险参保人员以灵活就业身份参加城镇职工养老保险。在就业及培训方面，对被征地农民和社区居民实行全员培训，提高就业能力。

3.2.3.4 高陵就地城镇化的成效

（1）生产要素配置优化。一是农村集体建设用地配置得到优化。高陵县规划全域 88 个行政村整体迁入 32 个新型社区，由于农户宅基地占地面积远大于新型社区住房占地，整体搬迁后可以节约出相当数量的建设用地，利用城乡建设用地增减平衡政策，可将节约出来的建设用地满足工业园区发展和城市建设用地需要。这样不仅可以在不新增建设用地规模情况下满足工业化和城市化发展需要，而且还可以利用城乡建设用地间级差地租筹集资金建设新型社区，实现农民向市民的转变。从东樊村案例看，419 户村民占用宅基地 482 亩，户均 1.15 亩，整村迁入新型社区后，节约 302 亩建设用地，经拍卖后获益 1.7 亿元用于建设配套设施齐全的新型社区，农民不仅实现资产增值，还实现了生活方式的转型②。二是农村土地经营由分散向规模集中转变。2011 年，高陵县累计流转面积大约 9.47 万亩，占全县耕地面积的 52.6%，500 亩以上规模流转达 6.62 万亩，约占已流转面积的 69.9%③。土地流转集中有力地促进了现代设施农业发展，既带来了农业产出快速增加，又实现了农民增收。

（2）收入差距逐步缩小。2008 年，高陵县城镇居民人均可支配收入与农村居民人均纯收入分别为 11890 元与 4708 元，城乡居民收入差距为 2.53 倍；2012 年分别为 23462 元与 10673 元，差距降到 2.19 倍；2015 年分别为 30842 元与 14863 元，差距进一步降到 2.08 倍④。从以上数据看出，城乡收入差距在

---

① 资料来自 2016 年高陵区发改局提供的高陵区国家新型城镇化综合试点工作进展情况汇报材料。

② 资料来自东樊村增减挂钩新社区建设项目简介。

③ 刘西建. 城乡发展一体化的"领头雁"：高陵县统筹城乡发展研究报告［M］. 西安：陕西人民出版社，2013.

④ 资料来自 2008 年、2012 年、2015 年高陵县国民经济和社会发展统计公报。

逐步缩小，已经远低于 2015 年西安市的 2.47 倍、陕西省的 3.04 倍及全国水平的 2.9 倍①。农民收入增长幅度高于城镇居民，主要是由于农民财产性收入、经营性收入及工资收入增长较快。财产性收入主要来自农地流转所获得稳定租金及置换到新型社区后多余房屋出租租金。姬家管委会杨官寨村改造后，每户无偿获得两套高层住宅和一定面积的商业用房，每户房屋资产增值 6 倍以上，多余房屋用于出租经营②。东樊社区建成后农民户均资产由原来的 7 万多元增长到 30 多万元③。

（3）生活质量明显提高。农民迁入新型农村社区带来的是生活方式的改变及生活质量的明显提升，主要表现在三个方面：一是生活方式得到极大改善。农民入住新型社区无论是在居住条件，还是在生活环境方面都得到了极大改善，例如现代化楼房代替了大多数村民低矮土坯房等。二是工作生活得到极大便利。社区服务中心的建设可为居民提供"一站式"的综合服务，特别是幼儿园与甲级卫生室的建设，极大便利了幼儿与老人。三是业余文化生活得到极大丰富。文体室、阅览室、中心广场等文化体育设施的建设为集中居住的村民提供了良好的活动场所，传统文化艺术活动逐步回归及活跃。

3.2.3.5 高陵就地城镇化存在的不足

（1）城镇化产业基础不牢固。工业经济在高陵区经济发展中占据绝对主导地位，近 10 年，其在地区生产总值中占比稳定维持在 70% 以上。数据表明高陵区服务业发展严重滞后，究其原因主要是高陵区工业类型以资本技术密集型的装备制造业为主，其对配套企业及劳动力有较高的技术要求，而本地企业与劳动力难以与之对接，故对本地产业辐射带动及解决劳动力就业作用有限。高陵区规划将农村居民整体搬迁到 32 个新型社区，让农民过上城市化的生活，这需要有相应的产业培育计划作为保障。从已建成的东樊社区看，整体搬迁只是改变了农民的生活方式，并没有改变他们的生产方式，其要么继续从事农业生产，要么离土又离乡地外出务工，没有真正实现市民化的城镇化显然难以名副其实。

---

① 利用 2016 年西安市、陕西省和全国的统计年鉴数据整理计算得出。
②③ 资料来自高陵区新型城镇化建设汇报材料。

（2）新型社区建设资金来源不可持续。新型社区建设资金主要来源于农村集体建设用地增值，对于城市规划范围内的村庄而言，由于土地商业价值较高，通过拍卖建设用地筹集资金建设新社区是可行的；但是对于城市规划范围外村庄而言，集体建设用地性质决定了其并不能直接进行商业开发，故其商业价值不大，新型社区建设资金只能利用城乡建设用地增减平衡政策将土地指标放到城市中拍卖而来，但获得指标的企业必须在城市周边再找块地才可落实开发指标，这样显然需要土地价格高企才能完成城乡两块地上的农民搬迁。东樊社区成功兴建得益于其村庄改造结余建设用地指标是按照县城土地价值最高区域价格拍卖的，在支付完相关费用后所余资金足以完成村庄改造。如果其他村庄也想用此模式完成社区化改造，以高陵区这样能级城市的土地价格不足以复制东樊案例，因此完全依赖增减平衡政策筹集资金以完成 88 个行政村社区化改造，显然难以实现。

（3）户籍制度改革待深化。高陵县在户籍一元化试点改革中规定农业人员可以自愿转为城镇居民，并且在 5 年内可以在城镇和农村不同政策待遇之间自由选择，但是在 5 年后，如果继续选择城镇待遇则必须放弃土地承包经营权，或同时放弃土地承包经营权与宅基地使用权，否则只能退回到享受农村政策待遇。在当前农村权益日益看好情况下，农民显然不愿意放弃农村相关权益进城落户，这种做法不利于城市化进程。另外，高陵区在推进城乡均等化服务方面做了大量改革，但是城乡居民之间在失业救助、就业扶持、民政优抚、退伍安置、最低生活保障、城乡居民基础养老金、住房保障等社会福利方面仍存在较大差距，入住新型社区的农民虽然实现了生活方式的城市化，但是其农民身份限制其仍然只能享有农村权益，这需要进一步深化改革。

3.2.4　新郑模式

3.2.4.1　新郑市简介

新郑市位于河南省中部，隶属于河南省郑州市，总面积 873 平方千米，南北长 42 千米，东西宽 36 千米，地势西高东低，西部为浅山丘陵区，东部为平原，西北部为丘岗地。区位交通优越，京广铁路、京广高铁、京港澳高速公路、107 国道等贯穿全境，拥有中原地区最大的航空港——郑州新郑国际机场，形成了集公路、铁路、航空为一体的现代化立体交通网络。历史文化悠久，拥有 8000 年的裴李岗文化、5000 年的黄帝文化、2700 年的郑韩文化，被誉为轩辕黄帝故里、中华第一古都。

2017 年，行政区辖 9 个镇，3 个乡，3 条街道，325 个行政村，1076 个自然村，常住人口 78.6 万。地区生产总值 730.9 亿元，人均地区生产总值为 92989 元，第一、第二、第三产业比例为 2.7∶51.8∶45.5，第二产业发达，主要工业增加值 290 亿元；一般公共预算收入 68.39 亿元；城镇居民人均可支配收入达到 30801 元，农村居民人均纯收入达到 20020 元[①]。县域经济发展质量总体评价居全省 108 个县（市）首位，全国中小城市综合实力百强县（市）和县域经济基本竞争力百强县（市）排名分别升至第 41 位和第 37 位[②]。

3.2.4.2　新郑就地城镇化的背景

2006 年，新郑市被河南省确立为加快城乡一体化发展的 7 个试点城市之一，这标志着新郑市从此拉开了以推进农民就地城镇化为核心的城乡一体化发展大幕，历经 8 年的发展实践，2014 年被确定为国家新型城镇化综合改革试点城市，新郑市的改革试点探索出了一批可复制推广的有益经验，其新型城镇化做法被誉为"新郑模式"。新郑就地城镇化基于以下三点发展需要：

（1）统筹城乡发展，构建社会主义和谐社会的需要。进入 21 世纪以来，我国经济发展重新步入高速增长轨道，2003 年人均国内生产总值首次突破 1000 美元，经济社会发展也相应步入"矛盾凸显时期"。20 世纪 90 年代以后，农民尤其是农业劳动者阶层的收入增长相对于城镇居民而言处于不利地位，城乡二元分割而导致的"三农"问题、城乡差距日益扩大的矛盾日益凸显。2003 年，党的十六届三中全会提出五个统筹发展要求，统筹城乡发展成为重要内容，这一要求的提出，旨在纠偏我国多年来注重城市、忽略农村，导致政

---

①　资料来自 2018 年新郑市政府工作报告。
②　资料来自 2017 年《中国中小城市发展报告绿皮书》。

策和投资过分向工业和城市倾斜现象。基于工业反哺农业、城市支持农村的方针,通过统筹城乡规划建设、产业发展、管理制度以及收入分配,以此破解"三农"难题,缩小城乡差距,消除城乡矛盾,构建社会主义和谐社会。

(2)促进产业集聚,实现资源集约高效利用的需要。新郑市作为河南省县域经济发展排名首位的区域,由于具备毗邻郑州市区的区位优势,成为市区产业转移及资源疏散的首要承接地,由于早期经济增长方式粗放,导致产业布局分散、资源要素配置不合理及利用效率低下。随着产业进一步梯度转移及土地、环境等资源要素硬约束不断强化,优化资源要素配置及提高资源利用效率成为破除资源要素制约瓶颈的必然选择。因此,推进城乡统筹发展,以农民就地城镇化为抓手,既可以实现城乡建设用地共享及利用效率提升,优化城乡布局,带动农民向城镇集中,又可以加快承包地流转,优化农业布局,实现农业规模集中经营;还可以促进产城融合,优化产业布局,带动产业向园区集中。

(3)强化改革创新,发挥改革试点示范带动作用的需要。统筹城乡发展的实质就是打破我国城乡二元分割的经济社会结构,实现城乡一体化发展。由于统筹城乡发展背后涉及城市、工业、市民与农村、农业、农民之间深刻的利益调整,通过改革如何平衡彼此间的利益,在发展过程中以帕累托改进方式实现利益优化配置有待在实践中探索。选择不同类型的典型城市作为统筹城乡发展试点,以此提供可供借鉴示范的经验成为有效避免城镇化战略失误的重要选择。因此,2006 年,河南省政府出台了《加快推进城乡一体化试点工作的指导意见》,选取经济发展较快、工业比重较大、财政保障能力较强、城镇化水平相对较高的鹤壁、济源、巩义、义马、舞钢、偃师、新郑七个城市为试点,以期为全省乃至全国探索出一条城乡一体化发展的新路子。

3.2.4.3 新郑就地城镇化的举措

(1)推进新型社区建设,鼓励引导农民向城镇聚居。为了鼓励引导农民就地实现城镇化,新郑市从优化城乡空间布局入手,2009 年对原有的 325 个行政村空间布局整合规划为 146 个集中居住区;2012 年又根据郑州都市区整体规划及群众愿望与发展实际,将村庄布局进一步调整为 52 个中心社区;

2014 年结合国家新型城镇化综合改革试点，推动建设"两城（中心城区、龙湖新城）、两市镇（薛店镇、辛店镇）、若干新型社区和特色保留村"的空间布局。以新型示范社区建设为抓手，利用土地占补平衡和增减挂钩政策，将农民从原来村庄整体搬迁安置到规划好的新型社区，入住新型社区农民可以实现房产活化增值、收入来源多样、生活配套齐全、社会保障市民化，通过比资产、比收入、比配套、比就业、比保障、比管理"六对比"，鼓励引导农民搬迁入住新型社区。

（2）强化产业集聚转型，促进产城融合发展。新郑就地城镇化遵循产业为基、就业为本的原则，以产业集聚与转型增加就业，以农民城镇就业推进城市化，强化产城互动效应。一是调整产业发展空间布局，将原来以干道为依托的粗放式产业布局向以产业集聚园区为核心的集约型产业发展布局转变。二是加快产业转型，着力发展优势主导产业。按照"企业集中布局、产业集群发展、资源集约利用"要求，淘汰重组高耗能、高污染企业，引导低能耗、低污染、效益好、能就业的企业入驻产业园区。通过"腾笼换鸟"和土地增减平衡政策，将新增建设用地全部用于产业园区，推进产业转型升级。三是推进新型社区与产业集聚区融合发展。按照"一家社区一家企业、一个家庭两人就业"模式，社区两千米范围内至少有一家规模企业作为产业支撑，确保入住社区农民就地就近实现充分就业。

（3）统一公共服务政策，确保转移农民权益均等。为了鼓励引导农民向城镇及新型社区转移，新郑市对于落户城镇及转移到新型社区的农民提供市民化的均等均质化公共服务。一是住房权益均等。入住新型社区农民可以获得产权房，使得原本不能上市流动的宅基地住房变成随时可供交易的产权房，农民的重要资产得以活化。二是就业权益均等。一方面，通过加强免费技能培训，提高农民技能水平，确保充分就业；另一方面，对于就业困难人员，安排公益性工作岗位，确保充分就业。再者，对于有意创业人员，将创业扶持政策落实到位。三是公共服务均等。在公共基础设施方面，新型社区按照"六通九有"标准配套建设到位。在教育方面，实行 12 年城乡免费教育，统一城乡教育管理，确保教育质量均等。在社会保障方面，统一城乡养老保险和医疗保险，对于入住新型社区的农民也享有与城镇居民一致的低保、优抚及社会救助等。

（4）深化农村各项改革，保护农民合法权益。坚持不以迫使农民放弃土地和宅基地为前提实现农民的市民化，通过确权颁证，让农民带权进城，确保农民合法权益。一是搭平台。建立农村产权交易服务平台，确保农村集体产权和农民个人产权流动和交易的公开、公平、公正。二是建制度。针对农村土地承包经营权、农户宅基地使用权及附属房屋产权、农村集体建设用地经营权等建立健全流转交易制度，使得沉睡资产活化有章可循、有规可守，保障农民利益不受损害。三是强服务。为土地承包经营权转包、出租、互换、转让以及农村集体建设用地经营权出租、作价入股、联营、抵押等提供中介服务，提高流通效率。四是严监管，建立统一的农村资产监督管理平台，确保全过程规范、公开、透明。

3.2.4.4　新郑就地城镇化的成效

（1）城乡收入差距缩小，入城（社区）农民实现市民化。自 2006 年新郑市成为河南省城乡一体化发展试点城市以后，新郑市城乡收入差距不断缩小。2005 年，新郑市城镇居民人均可支配收入、农村居民人均纯收入分别为 15409 元与 8795 元，收入比为 1.81；2010 年，两者收入分别为 15892 元与 9458 元，比值缩小到 1.68；2015 年，两者收入分别为 24893 元与 15409 元，比值进一步收窄到 1.61[①]。城乡收入差距日益缩小，主要源于农民收入来源多样且稳定，除工资性收入以外，入住新型社区的农民还拥有财产性收入、集体经济收入及土地流转收入。以潮河新城社区为例，原村庄占地 320 亩，安置用地 80 亩，企业补偿用地 160 亩，余出 80 亩（集体资产）用于发展产业；2015 年，农民人均资产达 25 万元（户均享有两套安置房），集体资产达 7000 万元（集体建设用地建设标准化厂房及商业设施），人均收入两年实现翻番，集体资产每年收入达 200 万元[②]。入住新型社区的农民属于带产入城，除继续享有相关惠农政策待遇外，其在公共服务及社会保障等权益方面完全实现了与城镇居民均等。

（2）产城融合发展，农民生产生活方式换挡升级。新郑市坚持以产兴城、

---

① 资料来自 2005 年、2010 年、2015 年新郑市国民经济和社会发展统计公报。
② 资料来自 2016 年新郑市政府提供的孟庄镇潮河新城社区简介材料。

依城促产、产城互动，推动本地农民就近就业、就地城镇化。通过产业集群、集聚发展为农民提供充足的就业岗位，2015 年，新郑市 15~30 岁人口 24 万，就业人口 16.2 万，就业率 67.6%；30~45 岁人口 17.8 万，就业人口 16.3 万，就业率 91.5%；45~60 岁人口 13.6 万，就业人口 13.4 万，就业率 98.7%[1]。本地农民在当地实现了非农充分就业，这也就意味着本地农民有着就地城镇化的很大需求，而新型社区建设有力地助推就近就业农民向城镇集聚。新型社区按照"六通九有"（"六通九有"是指通公路、通自来水、通电、通有线电视、通宽带、通天然气、有社区公共服务中心、有标准化卫生室、有连锁超市、有文化活动室、有科技文化中心、有小学和幼儿园、有养老院、有特色农民产业园、有污水处理厂）标准统一建设，入住新型社区的农民从此享有城市居民一样的便利生活。

（3）城乡空间布局优化，资源利用效率提升。产业驱动、产城互动、城乡统筹是新郑市推进新型城镇化遵循的基本原则，历经 10 年城乡一体化发展实践，新郑市以产业集聚区、专业园区、组团新区为基点，最终形成了"两城（中心城区、龙湖新城）、两市镇（薛店镇、辛店镇）、若干新型社区和特色保留村"的新型城乡体系。继续优化城乡空间布局的主要目的是实现资源集约高效利用，从农村宅基地使用情况来看，新郑市 1076 个自然村，平均 0.8 平方千米一个村庄，户均宅基地占地 0.85 亩，如果将 1076 个自然村整合调整到 52 个新型社区，根据占补平衡和增减挂钩政策，则可以腾出建设用地 58 平方千米[2]。从薛店镇第一社区案例看，将三个村整合到新型社区后节约建设用地 1281 亩，土地节约率达 75.8%[3]。

3.2.4.5 新郑就地城镇化存在的不足

（1）依靠单一的土地增减挂钩政策撬动农民就地城镇化难以持续。新郑市利用土地占补平衡和增减挂钩政策，通过算好"六本账"（六本账是指土地指标、农民利益、资金运作、就业岗位、粮食生态、社会保障），在不增加政府

---

① 资料来自 2016 年新郑市政府提供的新郑市新型城镇化试点工作汇报材料。
② 资料来自 2016 年新郑市政府提供的农村新型社区建设情况汇报材料。
③ 资料来自 2016 年新郑市政府提供的薛店镇常刘社区简介材料。

和农民负担的情况下，农民搬迁入住了配套设施齐全的新型社区，并实现了有就业、有社保、有租金收入。之所以能够实现这一完美局面，就在于将农民整体搬迁腾出来的土地用于城镇房地产开发所获得的巨额级差地租足以弥补新型社区建设成本。因此，新郑市提出"地产支持工业，工业反哺农业"理念，利用城乡建设用地巨额差价来筹集农民就地城镇化资金不失为一条捷径。新郑市寄希望于这一方法完成全部325个行政村村民向52个中心社区集聚，其最大的风险来自城乡建设用地级差地租能否妥善安置农业转移人口。随着中央明确定义"房子是用来住的，不是用来炒的"，房地产业回归理性已成必然，随之而来的是土地价格回落，这时城乡建设用地级差地租是否能够支撑新型社区建设将存在巨大疑问。

（2）利用差异化的公共服务政策吸引农民入住新社区会造成新的城乡差距。新郑市城乡公共服务和社会保障均等化程度几乎相当、均质化水平日益趋近，城乡居民权益仅在特困人员供养、最低生活保障、优抚标准、公益性岗位安置、就业困难人员补助等民政救助领域存在差异，义务教育、保障性住房、医疗保险方面实现了均等均质化，医疗卫生、养老保险、文化体育设施等社会福利方面权益实现了均等，而且均质化水平也不断趋近。但是，在城乡二元分割所带来的不平等权益日渐消失背景下，新郑市为了吸引农民搬迁到新型社区，给予入住新型社区农民城镇居民待遇，这种做法相当于在农民之间重新进行了二元划分，从而出现了新的不公平，造成新的城乡差距。

3.3　国内就地城镇化典型案例总结与思考

龙港、海盐、高陵、新郑四个就地城镇化案例，分别为我国东中西部地区积极推进就地城镇化，并取得良好效果的典型代表。四地就地城镇化实践过程及表现形式各有特点，从影响就地城镇化实践效果的决定性因素（包括产业发展、政府规划、市场机制、比较利益、制度变革等）角度看，市场机制导向下的民营经济大发展是龙港镇和海盐县就地城镇化的关键，高陵和新郑就地城镇化来自政府规划调控和区位优势引导下的产业发展合力驱动。

龙港和海盐就地城镇化主要取决于市场机制和产业发展两个因素，并且这种因素是来源于区域内部民营企业的蓬勃发展。龙港建镇之初，土地有偿使用和户籍制度变革、城市比较利益拉动及发展民营经济三大因素共同作用造就"中国第一座农民城"。随着社会主义市场经济体制的确立，市场力量和产业发展两大因素推动着龙港经济社会持续快速发展，而镇级管理体制这一制度变革的滞后长期制约着龙港城镇化发展。城乡一体化发展不断深入，城乡比较利益差距逐步减小，农民向城镇集聚的动力减弱，甚至出现乡村拉力大于城市吸引力，农民不愿进城。在市场动力导引下，通过大力发展个体私营经济，形成区域块状经济，并持续推动产业转型升级一直是海盐促进经济社会发展的根本动力。村域、镇域及县域经济的大发展自发形成一批数量可观的小城镇，由于城镇建设缺乏统一的规划引导，呈现散而小的局面，城镇发展水平不高，城市比较利益拉力不足。随着我国统筹城乡发展要求的提出，海盐以土地整治为载体，完善村庄布点规划，加强中心镇和城市的品质提升，引导农民向布点城镇流动，政府规划调控动力因素发挥重要作用。户籍制度、农村产权制度以及土地利用制度的改革让农民"带权入城""带资入城"，免除农民进城之忧，维护农民利益的各项制度变革的推出为加速就地城镇化提供有力支撑。

高陵和新郑推进就地城镇化的基础条件、发展动力及实施路径基本相同，两者就地城镇化实践起决定性作用的是政府规划调控和产业发展两个因素。高陵和新郑依托毗邻省会城市城区的区位优势，大力吸引域外企业来本地落户集聚，形成优势产业集群，从而带动本地经济社会快速发展。高陵和新郑经济社会发展的根本动力源于外部力量的注入，而非本地民营经济的支撑。政府规划调控作为主导力量主要表现在以农村新型社区建设为抓手的全域城镇化发展规划引导农民向配套齐全的新型社区及城镇集聚，通过产城融合发展，实现农民生产生活方式的城市化转型。城乡比较利益起到了很好的拉动作用，配套齐全的农村新型社区及城镇水平的社会保障吸引着农民就地实现城镇化。制度变革动力发挥了很好的助力作用，户籍制度、农村产权制度以及土地利用制度的改革免除了农民进城的后顾之忧。高陵和新郑就地城镇化也充分发挥市场机制作用，优化了资金、劳动力、土地等要素配置。

从龙港、海盐、高陵、新郑就地城镇化实践可以看出，产业发展是根本基础，各地都应充分发挥自身优势，大力培植产业根基，不管是内部特色产业培育，还是外部资源引进，没有产业支撑的城镇化无异于缘木求鱼。产城融合是关键，只有实现农民生产生活方式彻底转变，才是真正的城镇化，才是农民想要的城镇化。应该避免出现只转变生产方式的现象或"赶人上楼"式的只是生活方式转变的现象。政府城乡一体规划调控是重点，适当的规模集聚有利于资源集约利用，最大化发挥资源效益，避免出现改革开放初期东部地区曾经出现的散小而无序的小城镇发展局面。制度变革是重大推力，适时的制度变革有利于释放活力，加速就地城镇化进程，龙港镇改市试点有利于破除镇级市转型升级遇到的难题，农村产权制度改革及土地增减平衡等政策极大地增加了农民向城镇迁移的动力。

3.4　国外城镇化现状与经验

城镇化是世界各个国家工业化进程中的必然现象，研究国外城镇化的模式特点有助于我国在借鉴他者经验的基础上寻找适合中国本土的城镇化道路。

3.4.1　国外就地城镇化现状

3.4.1.1　城镇化水平高低不均衡

国外城镇化的发展不能一概而论，由于国家的经济发展水平、政府介入的程度等因素不同，城镇化发展具有较大的差异。发达国家城市化速度的降低也与不发达国家的城市化速度的上升并存[1]，同时，城镇化的水平并不主要取决于制度的制定和实施，而是取决于国家的经济发展水平，这必然导致发达国家的城镇化水平高于不发达地区的城镇化水平。如英国、德国为代表的欧洲国家的城市化率都在90%以上[2]，美国超过85%[3]。相对而言，经济发展水平较低

---

①　Kingsley Davis. The Origin and Growth of Urbanization in the World [J]. *American Journal of Sociology*, 1955, 60 (5)：429 –437.

②　周彦珍，李扬. 英国、德国、法国城镇化发展模式 [J]. 世界农业，2013 (12)：122 –126.

③　宇闻. 从"城市化"到"城郊化"：美国纽约的百年变迁 [J]. 东北之窗，2007：41 –43.

的非洲国家城市化率较低，虽然一些拉美国家城市化率在70%以上，但由于其工业化率仅在30%左右①，城市内的失业率很高，结果形成城市内的贫民窟，城市化的质量较低。这样，按照结果可以分为两种差异巨大的类型：一种是发展质量相对较高的欧美日发达国家的城市化；一种是发展质量较低的非拉国家的城市化②。而在城市化水平差异的背景下，发达国家的城乡差距明显小于发展中国家③。

3.4.1.2 城镇化的驱动力各不相同

城镇化的驱动力各不相同。首先，按照驱动力的主要来源分为政府驱动型和市场驱动型；其次，按照工业化这种基本的驱动力与城市化的协调程度可分为工业化与城市化协调发展型驱动力、工业化与城镇化发展失调型驱动力。在第一种分类标准下，政府驱动型以日本、韩国为代表，其城市化进程是政府起主导作用，如日本发展的以大城市为核心的空间集聚模式和韩国依托政府推行的"新村运动"式的城乡协调发展模式。市场推动型的城市化以美国为代表，其城市化主要受市场的推动，城市化率在85%以上。同时，按照工业化与城市化协调发展的程度，工业化与城镇化协调发展型主要以英、德为代表。这种类型的城镇化主要是由于工业革命促使，工业化迅速发展，从而拉动了城镇化的进行，在工业化发展到一定程度，政府调控的介入又使得城镇化能有序推行城市和乡村在很多地方呈现一体化发展状态。工业化与城镇化发展失调型主要指工业化速度滞后于城市化的速度，以印度、拉美为代表。这种城镇化属于低水平城镇化，工业化水平严重滞后于城镇化水平，城镇化的驱动力较弱④。

3.4.1.3 大都市、小城镇和乡村发展并重

英、德、美国家的小城镇数量多，尤其是英国和德国，绝大多数的城市

---

①④ 谢振东. 国外和台湾地区城镇化的典型模式及其启示 [J]. 国家行政学院学报，2013（3）：114－117.

② 贺雪峰. 城市化的中国道路 [M]. 北京：东方出版社，2014：6－7.

③ Juan Pablo Chauvin, Edward Glaeser, Yueran Ma a, Kristina Tobio. What is different about urbanization in rich and poor countries? Cities in Brazil, China, India and the United States [J]. *Journal of Urban Economics*，2016：1－33.

人口在 10 万以下。美国是一个提倡以大都市圈发展的国家，在大都市发展的过程中也注重了小城镇的协同发展，可以通过两条线进行理解。第一，小城镇的发展，成为大都市和乡村之间的过渡，这样不至于城乡差距较大；第二，在大力发展大都市圈的同时，小城镇的发展有利于解决大城市的人口密集、生活质量下降等问题。英国、德国本身就强调小城镇的发展。日本因为国土面积小，实施的城镇化具有很强的空间集聚特征，但在政府调控和引导下的小城镇建设能够舒缓大城市的压力。韩国的"新村运动"注重乡村建设，注重城乡融合发展。这样从整体来看，就形成了大都市、小城镇和乡村发展并重的局面。

3.4.1.4 城镇化发展以产业发展为依托

城镇化的发展阶段伴随了不同产业的发展。在城镇化发展早期和中期，工业化是城镇化的基本动力，两者发展均非常迅速。而在后工业阶段，城镇化对工业的发展依赖减弱，高校、娱乐产业等都可能支撑一个城镇的发展。美国的好莱坞城聚集了六百多家影视公司，发达的娱乐产业同时带动了旅游产业的发展，支撑了好莱坞城的发展。日本迪士尼所在的千叶县，其发展依赖于迪士尼娱乐产业的支撑。这说明城镇化的产业依托从第二产业向其他产业转移，不同的产业伴随了城镇化发展的不同阶段。

3.4.1.5 法律法规作为强有力的保障

国外成功的城镇化进程都要依托完善的法律法规才能顺利进行。20 世纪初，英国颁发《住宅与规划法》加强政策调控，实行城市住房制度改革，颁布的《新城法》掀起了新城建设运动，目标是在离伦敦市中心 50 千米半径内建成 8 个被称为伦敦新城的卫星城，主要解决城市人口集中、住房条件恶化、工业发展用地紧缺等问题，实现"既能生活又能工作，内部平衡和自给自足"的目标。日本颁布的《新事业创新促进法》《关于促进地方中心小都市地区建设及产业业务设施重新布局的法律》等试图通过科学规划和有效引导，发挥市场机制的基础性作用，避免了人为因素的主观偏差和无序增长等突出问题。美国在 20 世纪中期后陆续实施了建筑许可用地的土地制度，保证土地资源的合理规划和利用。可见，国外成功的城镇化进程几乎都比较重视法律法规的保障作用。

3.4.2 国外城镇化的典型模式

3.4.2.1 工业化驱动与政府引导并重：德国就地城镇化

尽管有学者认为工业化对城市化的推动率并没有那么明显（按照工业化相对非工业化对人口的集聚效应）[1]，但从德国城市化的实践来看，其动力仍然主要来自工业化，工业化发展的阶段特征影响了城市化的进行[2]。德国作为欧洲经济强国，一直注重大城市与小城镇的协调发展，小城镇遍布全国各地，布局合理。大城市与城镇之间虽然建筑界线分明但绿化连续性仍未隔断，大城市边缘的小城镇群通过铁路连接各个行政区建筑群，而公交系统连接住宅建筑区。德国只有 1/3 的人口生活在 10 万人以上的城市，大部分生活在 0.2 万 ~10 万人的小城镇[3]。小城镇不论规模，其市政设施水平与大城市相差无几，加上德国完善的法制体系，大多数人选择居住在小城镇。除了工业化的推动作用，德国城镇化建设从其发展阶段和特点来看，政府始终处于重要的引导地位。

（1）建设历程。德国的城镇化经历了三个阶段[4]。第一阶段，19 世纪中叶，德国农村人口多于城市居民，农业产值份额占有绝对重要的地位。随着农业生产率的提高，剩余劳动力逐渐向城市转移，城市规模和经济发展空前增长。第二阶段，19 世纪中后期，工业化和城市化的法制为农村流动人口创造了大量就业机会，新兴工业区不断出现，且一般集中在人口和产业密集的城

---

① Kim, Sukkoo. Industrialization and Urbanization：Did the Steam Engine Contribute to the Growth of Cities in the United States？[J]. *Explorations in Economic History*, 2005, 42 (4)：586 – 598.

② Wolfgang Kollman. The Process of Urbanization in Germany at the Height of the Industrialization Period [J]. *Journal of Contemporary History*, 1969, 4 (3)：59 – 76.

③ 陈玉兴，李晓东. 德国、美国、澳大利亚与日本小城镇建设的经验与启示 [J]. 世界农业，2012 (8)：80 – 84.

④ Thomas Kontuly, Susan Wiard, Roland Vogelsang. Couterurbanization in the Federal Republic of Germany [J]. *Professional Geographer*, 1986, 40 (1)：170 – 181.

镇。第三阶段，19 世纪后期，小城镇人口急剧增加，小城镇的规划日趋完善，城市划分为工厂区、住宅区、商业区等①。这个阶段又称为逆城市化，胡佛指数、相对增长率下的空间分配、增长率图示法和统计分析显示了德国 20 世纪后期的逆城市化。德国大型的基础设施都由政府主导建设，政府负责统筹，包括规划目标、标准、整体布局等，并且颁布了一系列农业法，以保护农产品价格的稳定。这些政策为大小城镇的协调发展，特别是小城镇的发展奠定了坚实的基础。

（2）发展特点。

其一，完善的法制体系。德国规划体系由联邦规划、州规划、地区规划、地方规划构成。地方规划即城镇建设指导规划，包括土地利用规划和建设规划图册，由各州和地方政府在上级规划相协调的前提下负责编制。德国法律对州、市、镇规划赋予较大权力，规划实施的保障机制也非常健全。一经制定，便确定为法规，任何单位和个人都不能擅自更改。完善的法制体系，也体现了政府的引导和规范作用。

其二，"三化"（城镇化、工业化与农业现代化）协调发展。德国城镇化的进程也是"三化"协调发展的进程。工业化带动了农业生产效率的提高，同时也带动了城市化的发展、产业集群融合发展。高度工业化和城镇化的德国，农业也已经实现全面现代化，城市和农村之间几乎没有差别。

其三，提倡公众参与。德国城镇规划实施的全过程几乎都能体现公众意识②。首先，无论是编制规划目的还是各种可行的规划草案，都会通过各种形式、各种媒介如报纸、各种展览会等进行公布；其次，规划部门会收集公众意见，并将其列入草案；再其次，等各种规划方案确定后，会展开公众评议，根据意见对方案进行修正；最后，公众可以通过各种途径发表自己的意见，这些意见会在规定时间内得到答复。可见，德国城镇化进程虽然主要由政府引导，但也没有忽视来自公众的意见，既保证了城镇规划的严谨性，也体现了公众参与意识。

其四，注重人性与环保。一方面，德国在城镇规划时充分考虑了民众的生

---

① 丁省俊. 德国小城镇的发展道路及起始 [J]. 世界农业. 2012（2）：60 - 65.

② 郑文良，经焱，等. 德国小城镇规划建设 [J]. 城乡建设，2006（5）：61 - 63.

活需要，基础设施完善；同时也考虑到各类人群的需求，功能性建筑布局较为合理，为生活在城镇的人们提供了最便利的服务。另一方面，德国城镇化建设注重城镇与自然的融合，体现在注重绿化和环境保护，比较常见的是园林式的建筑。其城镇规划编制中就有保护植被、保护生态环境的明确规定，意味着德国在城镇化进程中并没有以破坏自然为代价，而是努力追求人与自然的和谐相处。

3.4.2.2　市场推动为主：美国小城镇建设

美国城镇化建立在工业化基础上，是在城市人口急剧上涨、郊区用地无限制扩大、住宅区建设分布混乱的情况下提出的。美国的小城镇可以划分为两种类型①，包括处于都会区的城郊市镇和处于农业区的农区市镇。前者往往具有一定的特色产业，交通比较发达，相对比较集中；后者位于距离城市较远的农村地带，通常是广阔乡村地带的经济活动中心，面积较大，自成工业体系，分布相对分散。与德国政府主导型的城镇化不同，美国城镇化主要依靠市场经济的推动。

（1）建设历程。美国小城镇的兴起与发展，离不开美国整个城市系统的变化与发展②。小城镇发展是城市化过程中的必然趋势，是人们在城市化过程中做出的明智选择③。

城市化的含义不仅仅在于城市数量的增长，还在于城市位置的变化④。17世纪晚期和18世纪，美国城市数量非常少，其发展主要是由于与欧洲贸易的推动，集中在东海岸。19世纪和20世纪早期，工业化和国内市场的扩张迅速增加了城市数量，扩大了城市规模，大型工业城市迅速在东北和中西部崛起⑤。1870年对美国来说是一个大的发展模式的分界点。1870年以前，美国是一个以农业为主的国家，乡村社会是美国社会的主要特征。1870年以后

---

① 孙晓文. 美国小城镇发展与管理体制见闻 [J]. 开发研究，2001（2）：52 - 55.

② 陈强. 美国小城镇的特点及启示 [J]. 学术界. 2000（2）：259 - 264.

③ 党进平. 美国小城镇发展与管理的几点启示 [J]. 宁夏财会，2000（5）：43 - 46.

④ Akan Smart, Josephine Smart. Urbanization And The Global Perspective [J]. *Annu. Rev. Anthropo*, 2003，32（1）：263 - 285.

⑤ Kim Sukkoo. Urban Development in the United States，1690 - 1990 [J]. *Southern Economic Journal*, 2000，66（4）：855 - 880.

受工业革命的影响，工业化推动了城市工业、交通、农业现代化的迅速发展，美国进入了大城市建设时期①。大城市快速发展的同时，"城市病"也逐渐凸显，住房拥挤问题、住宅区与商业区的混杂等，使得城市变得不再那么具有吸引力。

H. G. 韦尔斯（Wells）在 1902 年预见到大城市将达到人口的饱和状态，乡村会逐渐具有城市的特征，城乡之间的差别会逐渐消逝，该预见几乎在 3/4 世纪之后成为现实②。逆城市化开始重新形塑国家的聚落形态，城市化发展的特征由向大城市的集中化转为向郊区的分散化③。20 世纪，迅速发展的服务业和此时兴起的技术革命改变了城市的发展模式。虽然城市化依旧在发展，但其方式发生了明显的变化，呈现了郊区化的特征，即以郊区人口增加的分散方式推进城市化。汽车的普及拉近了乡村与城市的距离，促成了大量小城镇的出现和发展。1960 年，大都市中心城市的人口占全国人口总数的 33.4%，郊区和小城镇人口占 33.3%。1970 年是一个人口流动方向的转折点④，中心城市人口占全国人口的 31.4%，郊区为 37.2%，非都市区占 31.4%，人口中心移到郊区，经济重心和商业中心也逐渐外移⑤。

1968 年美国政府通过了《新城镇开发法》为小城镇开发提供了相应政策支持，如为私人开发者所提供的信贷保证为城镇的发展提供了顺畅的融资渠道，允许与支持私人开发者的介入大大提高了美国新镇（新镇即在新的城市化区组织的一个社会，是个比较独立的单位，保持较好的环境，为居民提供各种活动设施，并具有足够的规模，使之能就地得到工作）开发的速度。法规同时规定了新镇所需满足的经济、社会、环境等各方面要求以及所应该达到的目标。在美国，小于 10 万人口的小城镇总人口数占全部城市人口的比重从 1950 年的 12.3%

---

① 陈强. 美国小城镇的特点及启示 [J]. 学术界，2000 (2)：259 – 264.

② Brian J. L. Berry. Urbanization and Counterurbanization in the United States [J]. *The Annals of the American Academy of Political and Social Science*，1980，451 (1)：13 – 20.

③ Ivana Stavařová. The Development of Urbanization of the Northeast of the United States [D]. Czechoslovakia，2007：10 – 19.

④ Daniel T. Lichter，David L. Brown. Rural America in an Urban Society：Changing Spatial and Social Bounaries [J]. *Annu. Rev. Sociol*，2011，37 (1)：565 – 592.

⑤ 孔祥智. 美国农村小城镇的发展 [J]. 中国改革，1999 (7)：62 – 63.

上升到 1980 年的 19.0% [1]。美国的市镇规模大小不一，差距甚大，在全美国近 4 万个市镇中，有 94% 的市镇人口是在 5 万之下 [2]。

总的来说，不同地区、不同交通状况、不同公共设施配备以及不同人口规模的城市也影响了城市化特征和速度 [3]。

（2）发展特点。

第一，以市场为主导。从美国城镇化的发展看，无论是为了满足市场发展需要而进行的沿海城镇的开发，还是作为经济活动中心的农区市镇的发展都是以市场为主导进行。且在城镇发展的进程中，鼓励私人开发者的参与，鼓励竞争，大大提高了城镇建设的质量。

第二，重视公民参与。美国小城镇凡有房屋在本小城镇注册的居住者，都有选举和被选举权，管理当局由全体居民投票产生，或者由全体居民推选议会，然后议会选出管理当局。可见，小镇居民在小城镇的发展中有很大的发言权。政府比较重视当地的居民意见，通常的方式是政府相关负责人员、规划设计人员以及当地的居民共同召开恳谈会、论证会等，共同讨论项目的立项和规划设计方案，再进行修改，直至最后出台决策。小城镇十分重视小城镇的投资环境和生活环境的改善，如小城丰尔斯为了加强防范措施加筑城墙，这项决定能够通过是大多数居民与市政府不断讨论的结果 [4]。

第三，注重特色化发展。美国小城镇是美国城市体系的重要组成部分。它在"城市带"建设以及"城市郊区化"和"反城市化"发展过程中形成了自身特色（陈强，2000）。美国人追求个性化发展，无论是都市边缘区小城镇还是农村区小城镇，都非常注重小镇自身特色建设，而非跟风建设。每个小城镇一般都有自己的特色产业，公共设施、房屋等建筑风格也有区别于其他小镇的特点。

第四，规划具有前瞻性。美国小城镇的建设规划依据自身区位和产业特点根据有关法律法规而制定，注重长远性发展。按照功能区与交通规则等进行合

---

① 孟韬. 美国小城镇的兴起与发展 [J]. 小城镇建设，1996（1）：42.

② 郭长文. 美国小城镇观览 [J]. 经济论坛，1998（12）：44 – 45.

③ Kim Sukkoo. Urban Development in the United States, 1690 – 1990 [J]. *Southern Economic Journal*, 2000，66（4）：855 – 880.

④ 海明. 美国小城镇加设城墙 [J]. 城市问题，1983（3）：6.

理规划，力求各种建筑规划具有协调性、合理性。在小城镇的交通、通信、排污等公共设施建设上，政府坚持长远性原则，避免重复建设。

第五，财政实施独立运作。美国小城镇具有独立的财政体系，小城镇建设资金由联邦政府、地方政府以及开发商多层主体共同承担。财政收入主要来源于房地产税，因此小城镇政府非常重视招商引资，虽然营业税、销售税等直接由联邦政府和州政府收取，但本地的工商业发展却可以带动房地产业的发展，这必然增加小镇财政收入。因此，小城镇比较重视投资环境和公共服务项目的建设。

第六，严格遵守法律法规。美国是一个法治国家，以市场为主导推动力量的城镇化建设能够取得成功，主要依靠健全完善的规章制度和依法办事。在美国几乎见不到违章建设，所有的建设必须要按照当地的法律和规章进行。

3.4.2.3　城市与农村协调发展：韩国城镇化模式

20世纪50年代，经过3年的朝鲜战争，韩国除了农业外，大部分经济基础遭到严重破坏，而且农业生产也十分落后。一般韩国人的收入仅能维持基本生活，相互间生活水平非常接近，城乡生活差别不大[①]。

20世纪60年代是韩国城镇化发展的转折点，韩国政府意识到了城乡差距明显，开始了快速的城镇化[②]。在经济发展的驱动下，韩国城镇化发展迅速。城镇化加速了韩国大城市的发展，促进了企业和行政系统的重构。城市化水平从1960年前的28%发展到1985年的74%，再到1990年的82.7%，非农产值达到GDP的90%以上，这使韩国从农业化国家转变为工业化国家[③]。在劳动力密集型企业高速发展的时代，韩国的高速城镇化可以说受到了全球化的影响。而在70年代晚期到80年代早期，韩国主要采取进口替代战略，重工业和化工产业成为国家支柱产业，其主要分布在港口城市，加速了港口城市人口的集聚速度，而劳动力密集型企业和服务业的兴起促进了大城市人口集聚。80年代到90年代早期，首尔作为大都市迅速发展。据统计，1993年，1920万人

---

① 徐平华. 工业化和城市化对韩国新村运动的影响 [J]. 求实, 2006 (10): 81–82.

② Hiroshi. Urbanization in the Republic of Korea and Taiwan: A NIEs Pattern [J]. *Developing Economies*, 1996, 34 (4): 447–469.

③ 宋煜凯. 韩国城市化经验与启示 [J]. 辽宁经济, 2014 (12): 56–57.

口居住在首尔大都市区约 11686 平方千米的面积上[①]。政府为了缓解其人口压力，逐渐引导形成了大都市圈，低附加值的企业搬出首尔，向其周围地区迁移。首尔的产业结构由工业转向服务业，第二梯队的城市紧跟其后，改变了其产业结构。1984 年韩国政府推行了《第一部首都地区管理计划》，之后推行绿化带政策，试图应对首都地区人口和产业的过度集中。

韩国城镇化呈现了空间两极分化与大都市地区的形成近乎单极化的发展[②]、大城市的主导发展地位、城市的国际化发展与都市重构等主要特征[③]。总的来说，经济发展和全球化的影响推动了韩国城镇化的发展。在注重城市发展的同时，韩国政府努力改善农村生活，力图缩小城乡差距。1970 年，韩国政府提出了"农渔村经济的革新开发计划"，实行"新村运动"，目的是让农民增加收入、过上更美好的生活，实现城乡均衡发展[④]。新村运动将全国的农民动员起来，发展了各种策略包括政治动员和社会动员、"示范点"的推动等[⑤]，是在国家主导下农民追求美好生活的驱动下进行的。因此韩国的城镇化既注重了城市的发展，也没有放弃农村的发展。

3.4.2.4 集中式城镇化：日本城镇化经验

日本在 20 世纪 50 年代到 70 年代中期，走的是集中性城镇化的道路，是以大城市为核心的空间集聚模式。日本的本国资源极为匮乏，如何在有限条件下加快工业化进程是政府考虑的重要问题。资源的集约利用有效促进了工业化的速度，为日本经济高速增长奠定了基础。自 60 年代开始，日本农地面积不断减少，日本农林水产省公布的数据显示，截至 2012 年 7 月，日本耕地面积

① 高松，王澎湖. 首尔人口发展的历程及其对北京的启示 [C]. 首都人口与发展论坛文辑，2006：260 – 265.

② Hiroshi. Urbanization in the Republic of Korea and Taiwan：A NIEs Pattern [J]. *Developing Economies*，1996，34（4）：447 – 469.

③ Sang-Chuel Choe，Won Bae Kim. Globalization and Urbanization in the Republic of Korea [J]. *Catheterization & Cardiovascular Interventions*，2001，51（1）：105 – 119.

④ 朱小静，唐国华. 韩国新村运动：发展阶段、特定及启示 [J]. 农村经济，2006（9）：126 – 129.

⑤ [韩] 金荣美. 韩国新农村运动：口述史的角度 [M]. 马安平，邢丽菊，译. 上海：复旦大学出版社，2015：225 – 239.

为 454.9 万公顷，是最高峰即 1961 年时的四分之三①。

（1）发展历程。明治维新之前，日本是一个城市化率不到 10% 的农业国，在之后近 60 年的时间里，城市化水平缓慢增长，到 1950 年城市化率达到 37%。1955 年，日本城市人口超过农村，1977 年城市化率超过 76%，人口不断向东京、大阪、名古屋三大城市圈流动②，这个阶段的城市化主要是工业化快速发展的结果。20 世纪 70 年代末至今，日本出现了大城市圈、大都市带和城乡协调发展的局面，城市发展质量逐渐提升。2000 年后，日本城市化的速度逐渐放缓。

（2）发展特点。与欧美国家相比，日本的经济发展属于较短时间内"压缩型"的快速发展，其又带动了空间的集中化布局，相应地带动了城镇化的发展。因此，日本城镇化是经济增长的产物。

第一，城市规模的缩小与新城镇的集中建设并行。日本城市化在 20 世纪 60 年代之后速度放缓，城市规模呈现规模缩小、人口减少的态势，庞大的基础设施维护费用成为亟待解决的问题。日本也在力求通过建设无须维护费用的基础设施和分段建设减少财政压力。与城市规模缩减相对的是郊区化的取向出现了无序开发现象，同时政府组织的土地区划整理事业和开发新的住宅城镇也在进行。依据《土地区划整理法》，农业用地开发者应该首先建立城市街区的基础设施，从土地增值和出售部分预留土地获益。日本的《新住宅城市街区开发法》允许成规模地开发整块的街区，以满足大城市工薪阶层的住房需求。该法将日本住宅公团作为住宅城镇的开发主体，探索如何推进新城镇的建设。

第二，不同规模城镇发展均衡化。日本的城市化并没有仅仅顾及大城市的发展，中小城市的发展也一并纳入国家颁布的《整备计划》，提倡大城市对小城镇的拉动力，形成大、中、小城市的协同发展局面，追求国土均衡发展。而由于日本城市之间条块分割也比较严重，导致城镇化效率低下以及重复投资。日本也在致力推动地方政府间的合作，如交通等公共设施的建设。同时确保核心城市与周边城市共同繁荣，公平分担城镇化的效益和财政支出，避免重复投资，提高城镇化效率。

---

① 日本耕地面积连续减少 粮食自给率目标恐难实现 [EB/OL]．[2012 - 10 - 29]．http：//www. chinanews. com/gj/2012/10 - 29/4284584. shtml.

② ［日］和泉洋人，浅见泰司，森地茂，等．日本的城镇化 [M]．北京：中信出版社，2016：20 - 40.

第三，城镇建设进程中的法律化和政策建设。日本比较重视城镇化进程的法律保障和先期规划，每十年左右修改完善土地开发和城镇化建设的相关法律，对城镇化的建设目标有明确的规定，成为保证城镇化有序发展的坚实基础。日本政府先后颁布《国土综合开发法》《向农村地区引入工业促进法》《新事业创新促进法》《三大都市圈发展规划》《土地区划整理法》《新市町村建设促进法》等系列法律法规，这些法规的科学规划和有效引导，可以避免市场机制放任自由地无序增长等突出问题。为缩小城镇化进程中的地区差距，日本从中央到地方政府出台相应的管制和引导政策，如大城市圈政策和地方开发政策。在不同时期，政府制定全国综合开发规划以平衡全国的土地利用。总的来说，这些法律和政策的实施达到了满足城镇化需求、应对各种灾害、提高经济效率、环境保护和缩小地区差异的目的。

第四，重视产业结构的调整。日本耕地面积有限，政府着力推动高新技术带动农业城镇的发展，以实现在有限的土地资源推广先进农业技术，促进农业变革。这样农业为工业化、城市化的发展提供了大量劳动力，同时耕地整理、町村合并为城市化提供了土地资源。20世纪60年代，日本的农业向制造业升级；80年代，服务业向城市地区渗透；90年代服务业也在非城市区发展起来。日本的小城镇建设比较善于利用本土资源，80年代的"一村一品"运动，包括农产品和文化旅游产品等，以此保护资源，发展小城镇。同时日本产业结构的调整一直力求与城镇化进程相适应，第三产业的就业持续增加，第二产业和第一产业呈现下降态势①。这样经济增长带来了产业结构的升级，同时产业结构的演变促成了城镇化的不同阶段。

3.4.3 国外城镇化对我国就地城镇化的启示

3.4.3.1 重视本土资源和历史传统，科学制定发展规划

城市化的发展不能一味地追求创新，而忽视传统视角②，忽略本土资源的

---

① ［日］和泉洋人，浅见泰司，森地茂，等. 日本的城镇化［M］. 北京：中信出版社，2016：20-40.

② Akan Smart, Josephine Smart. Urbanization And The Global Perspective［J］. *Annu. Rev. Antropol*, 2003, 32（1）：263-285.

利用。美国和德国小城镇数量很多，但并非千篇一律的建筑风格，而是各具特色，体现了传统文化的保护和自身特色资源，他们根据原先的基础条件，从实际出发，定位小城镇的发展。日本早在 20 世纪 80 年代就制定按照每个村的不同特点进行发展的村级发展规划，注重发展与本土资源的有效利用。同时在规划时，注重长远性、科学性，避免短视和重复建设，并注重各方面的统筹规划和环境保护。我国有悠久的历史文化，对于就地城镇化而言，更要注重历史资源的挖掘、保护与文化传承，同时发掘每个地方的优势资源，建设特色小镇，差异化地进行城镇化，是一条行之有效的途径。

3.4.3.2　加强治理体系建设，体现公众参与

不仅德国城镇化比较注重公众参与，美国和韩国的城镇化也注重公众主体的参与。美国小城镇由于财政体系独立，为减少运行管理成本，镇政府也仅保留核心职能，所设部门和机构的出发点是为小镇居民服务，管理成本比较低，但效率却很高。同时，美国注重人权，注重居民参与。小镇是居民的小镇，因此小镇在做重大决策时，必须参考居民的意见，有时需要反复修改，直至达成一致意见。韩国新村运动推进中比较重视居民的意见，对新村运动起到重要作用的新村指导员是由农民推选出来的，充分体现了农民在运动中的主体性作用[1]。可以看到，诸多国家的城镇化进程都比较注重公众的参与意识，而农民是城镇化进程中最重要的主体，就地城镇化也必须体现农民的意愿，保护农民的主权，以此提高农民参与就地城镇化的积极性和主动性。

3.4.3.3　注重城乡统筹，促进两者一体化发展

注重城乡统筹，韩国的城镇化尤为明显，不仅注重大中城市的发展，也注重新农村的建设。在韩国农村，村庄都建得像城镇一样，有五彩缤纷的广告牌，有闪烁的霓虹灯，各种设施齐全。农村建设运动在基础设施方面大大缩小了城乡差距，便利了农村居民的生活。日本在城市化之初就注重大城市对中小城市的拉动作用，注重城乡发展的均衡性，并且制定了一系列农业发展政策推

---

① 秦晓微，朱天舒. 韩国新村运动与我国统筹城乡发展之比较 ［J］. 学术交流，2012 （7）：81 － 84.

动农业发展，为城市化提供了大量农村剩余劳动力和农产品。而美国城市化进程较早，城市郊区化在 20 世纪早期就已经出现端倪，企业从城市搬到农村，加上农业机械化的发展，从事农业的劳动力比例非常低，城镇化以后，城市和农村几乎没有大的差别。而我国目前提倡的就地城镇化实际上是缩小城乡差距的重要途径。

3.4.3.4　强调宏观引导，注重发挥政府调控作用

美国在城市化初期并不重视政府的作用，但当"大城市病"出现时，日渐意识到政府调控的作用。德国在城镇化之初就注重政府的引导作用，使城镇化能够有序、可持续地发展。日本、韩国城镇化体现了政府的主导作用。韩国政府在新村运动的过程中起到了至关重要的作用。韩国政府全面倡导和参与了新村运动的开展，对新村运动的整个过程进行了有效的监督和管理[①]。而在各国城市化进程中，政府对产业的引导、对城市发展以及解决"城市病"提供了解决途径。当大城市人口过于集中时，产业的升级和转移是疏散人口的有效途径。就地城镇化是一项系统工程，牵涉到农民的各个方面，政府必须作为统筹者，以大局观设计就地城镇化的方案。

---

① 宣朝庆. 政府如何主导新农村建设——基于韩国新村运动的分析 [J]. 社会科学战线，2011（10）：186－191.

第 4 章

农业转移人口就地城镇化动力机制

党的十九大报告强调，以城市群为主体构建大、中、小城市和小城镇协调发展的城镇格局，加快农业转移人口市民化①。这是以习近平同志为核心的党中央，着眼于"两个一百年"奋斗目标、实现中华民族伟大复兴中国梦提出的实施区域协调发展战略的一个重大课题，而依托大、中、小城市和小城镇加快农业转移人口就地城镇化是完成这一课题的重要途径。为此，有必要深入研究农业转移人口就地城镇化的动力机制问题，通过科学合理的政策、制度、方法、途径的设计，形成良好的动力机制，更好地调动农民、农村基层组织、企事业单位、地方政府等参与或推进农业转移人口就地城镇化的积极性。

4.1　就地城镇化动力机制理论分析

动力机制是城镇化的关键议题（杨建科，2016），是近年来学者十分关注的城镇化热点问题之一。动力的原意是机械做功的各种作用力，比喻推动工作事业等前进和发展的力量（冯尚春，2004）。机制一词原意是指机器的构造及工作原理，被引入经济学后被解释为"经济机体内各构成要素之间相互联系和作用的关系及其功能"②。从系统论角度看，动力机制是系统内外部因素对

---

① 资料来自 2017 年 10 月 18 日习近平代表第十八届中央委员会所作的报告《决胜全面建成小康社会　夺取新时代中国特色社会主义伟大胜利》。

② 机制 [DB/OL]. 百度百科网站.

城镇化发生、发展动力作用的综合系统的总和（张泰城、张小青，2007；季小妹、武红志，2015）。因此，就地城镇化动力机制是指促进农业转移人口就地市民化的各种力量及互动过程，即通过一定的政策、制度、方法、途径等，调动农民、农村基层组织、企事业单位、地方政府等主体的积极性和主动性，引导、保持、强化、深化农业转移人口就地就近实现市民化的有规律的协调方式，包括推动就地城镇化发生和发展所必需的各种动力的产生机理、各种动力之间的相互关系、各种动力维持强化的基本要素。

4.1.1　文献回顾

目前，有关城镇化动力机制的研究文献较多，由于研究视角、研究目标和研究方法等的差异，对动力机制的划分标准也不一致，主要的研究观点集中在以下几个方面。

城镇化的动力机制是多元的、动态的。城镇化的动力系统是由利益动力、产业动力、制度动力和农民排斥力形成的综合体（李世泰、孙峰华，2006）。从分工演变视角可将农村城镇化的动力机制分为农村经济主体对适应的追求、改善其适应能力的技术进步、持续不断的制度创新、基于市场需求的农村经济结构变迁（杨新华，2015）。政府、市场和农民（社会）是城镇化的主要动力（杨发祥，2014），中央政府、地方政府、制造业企业、房地产企业和城乡居民是博弈主体（李晓斌，2015）。在有关城镇化的主要动力是政府还是市场方面有较大的争议。一些学者认为城镇化是市场自发形成的过程，政府的干预是有害的，不利于城镇化的可持续发展（李晓梅、赵文彦，2013）。而另一些学者认为我国城镇化政府主导明显（江克忠，2010；李强等，2012；李晓梅、赵文彦，2013；黄亚平、林小如，2012；李晓曼，2014）。城镇化的不同阶段，其动力机制的作用主体也存在一定的差异（刘振宇、魏旭红，2013）。

产业发展和升级是城镇化的关键动力机制。大多数研究者认为第二、第三产业是城镇化的关键动力（藤玉成等，2016）。产业结构的变动是推动城镇化的重要动力（王立鹤等，2004；李世泰、孙峰华，2006；李晓梅、赵文彦，2013），产业转型升级是新型城镇化的根本动力（李晓斌，2015）。不同产业对城镇化的作用有所差异，主要观点有：农村发展是城镇化的基础动力（张泰城、张小青，2007）；非农产业是城镇化的动力（张泰城、张小青，2007）；农业现代化是区域城镇化的主导力量（李晓曼，2014）；农业现代化可以让农业部门有更多的劳动力被释放出来并向城镇迁移；工业化是区域城镇化的基本动力（王新娜，2011；曹广忠、刘涛，2010），而工业化对县域城镇化的推动作用要大于经济服务化（汪增洋、李刚，2017）。

制度变迁是推动城镇化的重要动力机制。制度变迁影响城镇化主体的行为，是推动城镇化的强大动力（李世秦、孙峰华，2006；项继权、王明为，2015），制度创新的主要内容包括户籍制度、土地制度、社会保障制度和城镇管理制度等。从制度变迁的角度看，可将城镇化分为自上而下的城镇化和自下而上的城镇化（阎小培，1998；简新华，2003；黄留国，2011），也有多元化复合动力因素互动的城镇化（于建嵘，2013）。

城镇化动力机制本身受外部因素的影响，经济发展不同阶段（杨新华，2015）、不同区域城镇化的动力机制也表现出差异性。随着市场经济的发展，我国城镇化的动力机制表现为主体多元化、空间上的不平衡、时间上的动态演进等特征（丁生喜、王晓鹏，2012）。经济新常态下城镇化的动力将发生转换，从原投资驱动向提升人口素质、提高生活质量和完善生产生活环境等方面驱动转变（候为民，2015）。

目前，关于动力机制的研究也出现了以下动向：一是研究方法上从定性研究向定性和定量研究结合拓展，新的研究方法和技术被不断引入，呈现模型化、指标化特征；二是研究内容进一步深化、细化，不仅有传统城镇化动力机制的研究，也有新型城镇化动力机制的研究，还涉及动力机制类型与城镇化模式关系的研究；三是研究视角进一步拓展，既有全国层面的研究，也有地域层面的研究，涉及省、市、县等多个层面的研究。在现有的有关城镇化动力机制的研究中涉及就地城镇化的研究文献很少，这并不代表这一问题不重要或者现有的研究已经能解释就地城镇化问题了。应该说，就地城镇化动力机制除了城镇化发展的普遍动力机制外，还应有其独特的动力机制，有待学界关注和深入研究，从理论上把握就地城镇化的客观规律，丰富和完善中国特色城镇化发展理论体系，科学指导我国就地城镇化实践。

4.1.2 就地城镇化动力构成

就地城镇化是区别于异地城镇化的一种重要模式，具有就地就近的迁移距离、以人为本的价值追求、市民化的生产生活方式、城乡一体发展的格局等特征。就地城镇化无论对我国实施乡村振兴战略还是实施区域协调发展战略，均具有重大的意义。为此，有必要深入探讨就地城镇化的动力构成问题，以进一步增强推进农业转移人口就地城镇化的针对性和实效性。关于动力构成，有很多种划分方法。如按照物质与精神的关系，可以划分为物质动力、精神动力；按照动力来源，可以划分为内生动力和外生动力；按照政府与市场的关系划分，可以划分为政府动力、市场动力。本课题组按照中国特色社会主义事业"五位一体"总体布局的要求，将就地城镇化的动力分为经济动力、政治动力、文化动力、社会动力、生态动力，并做深入的探讨。

一是经济动力。经济是价值的创造、转化与实现，经济活动是人们最重要的活动①。经济动力是推进就地城镇化的主要动力。农民是否愿意选择就地就近迁移，经济因素是最为基础、最为重要的因素。农民如果能就地就近找到合适的工作，能获得稳定的经济收入，能减少远距离迁移带来的经济成本、社会成本、生活成本，就会驱动他们就地就近就业。企业是否愿意就地就近发展，经济因素同样是最为重要的因素，如果企业就地就近能享受到优惠的招商引资政策，能招收到合适的员工，能获取可观的经济利润，就会驱动企业就地就近投资，加入推进就地城镇化的进程。政府是否愿意推进就地就近城镇化，经济因素也是最为重要的因素，如果政府能通过就地就近城镇化，促进当地经济发展水平提高，促进农业转移人口收入增加，促进政府税收增加，就会驱动政府采取政策、制度等手段，加快就地城镇化的进程。

二是政治动力。政治是上层建筑领域中各种权力主体维护自身利益的特定行为以及由此结成的特定关系，它是人类历史发展到一定时期产生的一种重要社会现象②。政治随着社会从低级到高级的进程而发展，社会成员参与政治生

---

① 经济［DB/OL］. 百度百科网站.
② 政治［DB/OL］. 百度百科网站.

活的深度和广度也随之向前发展，政治对社会生活各个方面都有重大影响和作用[1]。随着生产生活条件的改善，人们对政治的诉求也逐步提高。无论是农业转移人口，还是企事业单位，都愿意在干部清正、政府清廉、政治清明的地方集聚和发展，都希望自身的知情权、参与权、表达权、监督权得到有效的保障和维护，都希望有良好的治理制度、治理规范、治理环境。一般而言，就地就近的城镇政治建设越被重视，政治环境越好，治理水平越高，越有利于人们集聚。所以政治是推进就地城镇化的重要动力。

三是文化动力。文化是一种社会现象，它是由人类长期创造形成的产物，同时又是一种历史现象，是人类社会与历史的积淀物[2]。由于人们与就地就近的文化具有天然的联系，熟悉当地历史地理、风土人情、传统习俗，适应当地的生活方式、行为规范、价值观念，因此愿意就地就近集聚发展，而不愿意远离家乡、到文化差异性大的地方发展，因此，文化在推进就地城镇化的过程中具有特殊的作用，成为一种重要的动力。我国已经充分认识到了文化动力在推进就地城镇化过程中的重要作用，早在2013年12月举行的中央城镇化工作会议就强调，要注意保留村庄原始风貌，慎砍树、不填湖、少拆房，尽可能在原有村庄形态上改善居民生活条件；要传承文化，发展有历史记忆、地域特色、民族特点的美丽城镇[3]。

四是社会动力。社会是由有一定联系、相互依存的人们组成的超乎个人的、有机的整体[4]。社会建设是指社会主体根据社会需要，有目的、有计划、有组织进行的改善民生和推进社会进步的社会行为与过程[5]。当前，我国正处于从农业社会转变为工业社会、从乡村社会转向城市社会的转型发展时期，社会建设的重要性日益凸显。习近平总书记指出，我们的人民热爱生活，期盼有更好的教育、更稳定的工作、更满意的收入、更可靠的社会保障、更高水平的医疗卫生服务、更舒适的居住条件、更优美的环境，期盼着孩子们能成长得更

---

① 政治 [DB/OL]. 百度百科网站.

② 文化 [DB/OL]. 百度百科网站.

③ 中央城镇化工作会议在北京举行 [N]. 人民日报，2013 – 12 – 15.

④ 社会及其构成 [DB/OL]. 百度文库网站.

⑤ 陆学艺. 关于社会建设的理论和实践 [J]. 学理论，2008 (12)：32 – 35.

好、工作得更好、生活得更好①。在就地城镇化过程中，如果就地就近的社会建设和社会事业包括劳动就业、社会保障、教育、医疗和公共服务与安全等发展较好，农民就会选择就地就近发展，企事业单位就会选择就地就近集聚。所以社会动力是推进就地城镇化过程中的重要动力。

五是生态动力。生态就是指一切生物的生存状态，以及它们之间和它与环境之间环环相扣的关系②。生态环境是指影响人类生存与发展的水资源、土地资源、生物资源以及气候资源数量与质量的总称，是关系到社会和经济持续发展的复合生态系统③。随着经济社会发展水平的提高和人们思想观念的转变，全社会越来越认识到生态保护与建设的重要性。党的十九大报告强调，像对待生命一样对待生态环境，统筹山水林田湖草系统治理，实行最严格的生态环境保护制度，形成绿色发展方式和生活方式，坚定走生产发展、生活富裕、生态良好的文明发展道路④。在就地城镇化过程中，生态动力是重要的动力。如果就地就近的生态建设措施到位，环境优美、山清水秀、空气清新，农业转移人口就愿意在这里安居乐业，企业就愿意到这里投资，事业单位就愿意到这里发展。如果生态受到严重破坏，水体、土壤、空气污染严重，又没有强有力的生态修复与保护措施，不仅不能实现农业转移人口的有效集聚，还会迫使他们走异地城镇化的道路。

4.1.3　就地城镇化动力的主体

所谓就地城镇化的动力主体，就是就地城镇化的推动者和责任承载者。从我国社会治理结构看，就地城镇化的动力主体有农民、农村集体组织、企事业单位和地方政府，他们是就地城镇化的直接参与者、推动者和责任承载者。

（1）农民。就地城镇化的根本问题，说到底还是农民问题，农民是推动我国新型城镇化的动力源（陈鹤松，2017）。农民是否愿意选择就地就近实现

---

① 习近平. 人民对美好生活的向往就是我们奋斗的目标 [N]. 人民日报，2012 – 11 – 16.

② 生态 [DB/OL]. 百度百科网站.

③ 生态环境 [DB/OL]. 百度百科网站.

④ 资料参考了 2017 年 10 月 18 日习近平代表第十八届中央委员会所作的报告《决胜全面建成小康社会 夺取新时代中国特色社会主义伟大胜利》。

就业的非农化、生活形态与方式的城镇化、思想观念的现代化，是就地城镇化的关键性因素。由于我国长期存在的城乡二元结构和城乡差别，与市民相比，农民收入和社会保障水平总体偏低，因此，大多数农民对市民化的生产生活方式十分向往，渴望像当地的市民一样有体面的生活，有稳定的非农就业岗位和经济收入，有良好的居住条件、教育条件、医疗条件、社会保障条件、生态环境条件，能享受和当地市民一样的待遇和制度保障，因此，农民是就地城镇化最主要的动力主体。同异地城镇化相比，由于历史文化传统、社会习俗、生活方式、交通成本等因素，农民更愿意选择就地城镇化。

（2）农村基层组织。农村基层组织，主要有村党组织、村民委员会、村团支部、村妇代会、村民兵连及"两新"组织（"新的经济组织"和"新的社会组织"）①。在我国城镇化的进程中，农村基层组织从自身建设和发展的需要，最希望选择就地城镇化，就地就近解决农民市民化的问题，就地就近解决居住、教育、医疗、社保、生态、安全等方面的问题，尽快缩小直到消灭城乡差别，这样可以有效发挥农村基层组织在社会主义新农村建设中的作用，发挥在区域社会治理中的作用，也可以有效巩固党在农村工作的基础，推进乡村振兴战略的实施，因此，农村基层组织是推进就地城镇化的一支重要力量。如果大多数农民选择离土离乡就业，就会出现大量"空心村"的现象，农村基层组织就很难得到有效的运转，党在农村的战略举措也难以得到全面落实。

（3）企事业单位。企事业单位，即企业单位及事业单位，是非农岗位的主要提供者。在就地城镇化过程中，如果没有企事业单位在当地落户，就很难解决农民的非农就业岗位问题，农民因为在当地没有稳定的就业岗位和经济收入，就会放弃就地就近工作而选择异地迁移。很明显，企事业单位是推进就地城镇化的重要力量。这里需要解决的问题是，如何让更多的企事业单位就地就近落户，为就地城镇化提供产业支持和服务支持。做好企业单位就地就近落户工作，一方面，要积极为本土企业发展创造条件，采取有效措施鼓励本土企业做强做大；另一方面，也要积极做好招商引资工作，吸引外来企业到当地投资兴业。做好事业单位就地就近落户工作，一方面要加强当地学校、医院、体育

---

① 李晶晶等．城镇化视角下中部农村基层组织运行现状分析与转型思考［J］．赤子，2015（8）：123－124．

馆、图书馆等事业单位的建设，努力提高当地的教育、医疗水平和公共产品提供能力；另一方面，也要积极创造条件，引进一些知名的教育集团、医疗集团、文化体育集团到当地落户，提高当地的社会保障水平和公共服务能力。

（4）地方政府。政府是维护国家安全、消除社会隐患、促进科学技术进步、提高国民生产能力、优化社会结构，研究社会现象的特殊机构[①]。在推进就地城镇化的过程中，地方政府承担着重要的职能，扮演着设计者、组织者、推动者、管理者和服务者的角色，可以通过城镇发展规划修编、政策制度制定、基础设施建设、公共服务提供等途径发挥作用。作为地方政府，推进就地城镇化既是落实中央大政方针、履行自身职责的需要，也是落实科学的政绩观、推动当地社会经济发展的需要，因此具有很强的内生动力。

4.2　农民参与就地城镇化的动力分析

作为就地城镇化的主体之一，农民参与就地城镇化的动力，决定了就地城镇化的成败得失。从农民的实际情况看，参与就地城镇化的主要动力是实现其生活方式市民化，能过上市民一样的美好生活。十九大报告提出把人民对美好生活的向往作为奋斗目标，并指出要满足人民过上美好生活的新期待，就必须提供丰富的精神食粮；各级政府要完善公共服务体系，保障群众基本生活，不断满足人民日益增长的美好生活需要；我们要建设的现代化是人与自然和谐共生的现代化，既要创造更多物质财富和精神财富以满足人民日益增长的美好生活需要，也要提供更多优质生态产品以满足人民日益增长的优美生态环境需要[②]。这说明美好生活至少包括物质财富和精神财富的满足、公共服务体系的完善。能否满足农民美好生活的向往，影响着其参与就地城镇化的动力水平。美好生活是一个综合性的概念，包含着经济、政治、文化、社会、生态等要素。从这一角度看，农民参与就地城镇化的动力包括收入增加的经济动力、参

---

① 政府 [DB/OL]. 百度百科网站.

② 参见 2017 年 10 月 18 日习近平代表十八届中央委员会所作的报告《决胜全面建成小康社会夺取新时代中国特色社会主义伟大胜利》。

与治理的政治动力、更易融入的文化动力、生活便利的社会动力、环境宜居的生态动力。

4.2.1　收入增加的经济动力

农民增收历来是国家和农民的共同目标，城镇化进程是增加农民收入的根本路径选择（宋元梁、肖卫东，2005；李美洲、韩兆洲，2007）。城镇化能够促进农民增收（马远、龚新蜀，2010）。就地城镇化有利于促进农村第一、第二、第三产业发展，有利于农民就业创业，有利于农民拓宽增收渠道，其动力来源主要表现为就业技能提升的动力、就地就近就业创业的动力、财产性收入增加的动力等。

（1）就业技能提升的动力。更多的就业机会首先来自经过培训后的专业技能的提升。在异地城镇化模式下农业转移人口难于接受地方政府提供的技能培训，由于缺乏专业技能，往往只能选择建筑业、服务业等传统的技术含量较低的行业（张自广，2016），就业空间狭窄，就业收入难以提高。在就地城镇化进程中，当地政府能为农业转移人口提供的职业技能培训，一方面增加了转移人口的就业机会，拓宽了农民的就业面；另一方面提高了转移人口的就业质量，提高了就业转移人口的收入水平。因此，农民参与职业技能培训的积极性高，就业技能提升成为农业转移人口参与就地城镇化的重要动力。

（2）就地就近就业创业的动力。就地城镇化能够增加农业转移人口就地就近就业创业的机会，实现本地域范围内的转移。这些就业创业机会包含来自农业和非农业的就业机会。一是就地就近非农就业创业机会。在就地城镇化的进程中，一方面，家庭联产承包责任制下的小块土地收入不足以支撑农民家庭的生活支出，从而促使农民找寻更多的就业创业机会；另一方面，就地城镇化推动第二、第三产业的发展为农业转移人口提供了就业创业机会。表4.1显示，随着城镇化率的提升，农村居民工资性收入占可支配收入的比重在不断上升，两者之间存在明显的协同性。工资性收入比重的提高，意味着农民更多地依赖第二、第三产业。二是就地就近农业就业创业的机会。在就地城镇化进程中推行的土地规模化经营，往往需要雇用从事农业劳动的"农业农民"，具有丰富农业种养经验的中老年群体因为自家土地流转，成为从事农业劳动的重要就业群体。农业现代化是就地城镇化的目标之一，需要构建完善的社会化服务体系，也需要大量农民参与，主要由中青年构成，他们有技术、有服务意识，成为农业产前、产中、产后服务的重要力量。无论是非农就业创业机会，还是农业就业创业机会，农业转移人口都有了更多的选择，都能避免异地就业创业带来的问题和矛盾，都能有效增加收入，成为农民参与就地城镇化的动力之一。

表 4.1 　　　　　2016 年代表省份农村居民工资性收入与城镇化率对比

省份	农村居民工资性收入（元）	农村居民工资性收入占可支配收入的比重（%）	城镇化率（%）
浙江省	14204.3	62.12	67.00
河南省	4228.0	36.15	48.50
陕西省	3916.0	41.68	55.34

注：①资料来源：《中国统计年鉴 2017》。②本课题组选择浙江省、河南省、陕西省分别作为东、中、西部的代表省份。

（3）财产性收入增加的动力。就地城镇化能够为农民带来更稳定、更多的财产性收入。包括：第一，土地承包权的收入。党的十九大报告指出，保持土地承包关系稳定并长久不变，第二轮土地承包到期后再延长三十年[①]。土地使用权的延长带来的"收益保障效应"与"成本分摊效应"，能够显著促进农民增收（李子联，2014），进一步使农村土地资本变得更加灵活，让农民可以创造性生产、劳动和发展，不断增加财产性收入。第二，集体资产明显增值带来的农民收益增加。如海盐县农村集体产权制度的改革就具有重要的借鉴意义，就地城镇化后，海盐县农民享有农村集体资产产权收益权，按照股权收取相应权益，使农业转移人口能够放心从事非农就业，并能持续得到集体资产收益。财产性收益的提高，使农民进一步提升了参与就地城镇化的动力。

4.2.2　参与治理的政治动力

农民参与区域治理的程度与水平不仅是检验乡村治理现代化水平的重要标

---

① 资料参考了 2017 年 10 月 18 日习近平代表第十八届中央委员会所作的报告《决胜全面建成小康社会 夺取新时代中国特色社会主义伟大胜利》。

志，还是衡量我国民主政治建设水平的重要标尺。与城市居民相比，我国农民仍处于政治参与的弱势地位，农民的知情权、参与权、表达权、监督权还得不到充分的表达，农民参与区域治理的程度与水平还不高。就地城镇化有利于引入城市管理的政治文明，有利于提高农业转移人口的整体素质，有利于增强农业转移人口的政治意识、民主意识、参与意识、治理意识。农业转移人口参与治理的政治动力主要有以下几个方面。

（1）参与基层选举的动力。就地城镇化的治理主体主要包括地方党委政府、基层党组织、村民委员会（社区委员会）等。选举什么人担任地方党委政府领导、基层党组织负责人、村民委员会（社区委员会）主任，选举什么人担任人大代表、政协委员以及其他社会组织负责人，直接关系到农业转移人口的生存与发展环境，直接关系到自身的经济社会利益，因此，农业转移人口十分关心选举的程序办法，希望通过提高参与程度，选举自己满意的人担任各级组织的负责人。

（2）参与管理决策的动力。就地城镇化治理最根本的目标就是实现农业转移人口全面自由的发展，满足他们的需求，解决他们的困难。农业转移人口希望地方党委政府、基层党组织、村民委员会（社区委员会）在管理决策过程中，能够真正知民意、体民情、解民忧，充分发挥他们在区域治理中的主人翁作用。因此，农业转移人口要求有更多的机会参与民主管理决策，表达自己的利益、反映自己的诉求，期望把自己的意愿转化为地方党委政府、基层党组织、村民委员会（社区委员会）的政策措施，对公共决策产生重要的影响。

（3）参与民主监督的动力。从政治角度看，就地城镇化的一个重要方面就是扩大农业转移人口的知情权、监督权，形成良好的区域治理机制。农业转移人口希望生活在一个运行规范、党务政务透明的地方，生活在一个公正公平、让自己放心的地方。因此，农业转移人口具有很强的参与民主监督的动力，要求通过合理、合法的渠道，行使知情权、监督权，对地方党委政府、基层党组织、村民委员会（社区委员会）干部形成强有力的监督，促使他们在区域治理的过程中少一些贪污腐败、损公肥私、违法乱纪的行为，激励其行为不断民主化和透明化，进一步提高区域治理能力与水平。

4.2.3　更易融入的文化动力

近代工业化以来，城市文化逐渐成为先进、文明的代表（范大平，2005），相比之下，乡土文化中存在落后的内容。传统城镇化进程中，农业转移人口在异地就业容易受到文化排斥，城市居民的优越感与农业转移人口的自卑感并存，长久形成的乡土文化、传统观念使他们很难融入当地的城市文化。与之相比，就地城镇化鼓励农业转移人口就地就业，大大减少了不同文化的相互排斥，提高了他们城镇生活的融入度。

首先，就地就业消除了"乡愁"。传统城镇化进程中的农民远离家乡就业，子女和老人一般留守在家乡，他们在工作生活时，家乡一直是重要的牵挂。就地就业，使农业转移人口能够不离开自己的家庭，不离开熟悉的家乡，消除了"乡愁"因素。

其次，就地就业易于融入城镇生活。农业转移人口可以在保持原有语言、本地文化观念的基础上融入新的城镇生活，消除了语言隔阂的顾虑，实现了传统风俗的一致性，让他们能够相对容易地实现从农民到市民的转变。

最后，就地就业有利于提高文化素质。在就地城镇化过程中，农业转移人口可以在家门口接受各种文化培训，参加各种文化活动，在潜移默化中接受城市文化的熏陶，并与传统文化实现有机衔接，促进自身生活方式的改变和文明程度的提高。

4.2.4　生活便利的社会动力

虽然我国农村的公共基础设施与之前相比有了较大的改观，但是，由于分散居住，无法惠及每户居民。同时我国农村公共基础设施的投入普遍不足，无法提供高质量的公共服务。由于我国长期存在城乡二元差距，农民对市民化的生活方式十分向往，希望能在当地享受与城市一样的公共产品与服务的愿望十分强烈。就地城镇化将为农民提供更加便利的生活基础设施，更加先进的公共产品与服务，因此，农民出于生活便利性和服务优质化的考虑，对就地城镇化十分支持并具有持续的推动力。

首先，就地城镇化使农民能够享受更加便利的生活条件。就地城镇化本着促进城乡公共服务均等化的原则，在促进农民集中居住的同时，辅以周边便利的生活配套设施。这样方便了农业转移人口就地就业，无论是交通、购物还是休闲娱乐、文体活动都更加便利，农民可以就地享受更加文明的城市生活。

其次，就地城镇化使农民能够享受更加完备的医疗等社会保障服务。传统城镇化进程中，城市的医疗保健服务往往将农业转移人口排斥在外。就地城镇化追求公共服务的均等化，与农村原有的医疗条件相比，新的医疗设施与条件将为农民提供更加完备的医疗服务。同时，就地城镇化为农民提供了更完善的就业、养老、住房保障，使农民更加具有参与就地城镇化的动力。

最后，就地城镇化为农民子女提供了更先进的教育条件。就地城镇化后，城市的优质教育资源将往乡村集聚区迁移，城乡之间教育的一体化、均衡性程度将进一步提高，农业转移人口的子女可以享受到更高质量的城市教育。

4.2.5　环境宜居的生态动力

由于乡镇企业对环境污染的忽视、农药化肥的过度使用、生活垃圾等污染因素的存在，使我国农村自然环境恶化，同时也严重影响了农作物的生长环境，影响了农产品的质量安全（张雪绸，2004），最终影响到城市和农村居民的身体和生活。当农村连最后仅有的青山绿水都无法守住的时候，农民又如何找寻儿时的"乡愁"？传统的城镇化显然无法给出满意的回答。

党的十九大报告提出加快生态文明体制改革，建设美丽中国，同时也提出通过新型城镇化建设促进乡村振兴。这就意味着就地城镇化必须是与生态环境协调发展的城镇化，使农民在享受城市文明的同时，还能享受乡村清新的空气、清洁的水和更加绿色的生态环境。

首先，就地城镇化有利于树立先进的生态理念，加强区域生态环境建设，实现可持续发展，从而让农民享受比城市更加优美的自然环境。就地城镇化的推进与乡村振兴战略的实施，都要求在乡村发展的基础上注重生态环境的保护。与大城市相比，相对人口密度较低的城镇能为居住者提供更好的空气质量和更优美的自然景观，能够增强农业转移人口就近就地工作、学习和生活的动力。

其次，就地城镇化使农民在享受城市生活便利的同时，还能享受更绿色健康的农产品、水资源、阳光与空气。就地城镇化进程中，大批落后、污染严重的农村产业、家庭副业被现代化、环保生态的产业所取代，为乡村的可持续发展打下了坚实的基础，对农业转移人口具有强大的吸引力和驱动力。

总的来说，农业转移人口对经济收入、政治参与、文化融入、社会保障、生态环境的追求构成了农民参与就地城镇化的动力机制。政府应从这几个方面入手，提高农民在这几个方面的满意度，以提高他们参与就地城镇化的动力水平。

4.3　农村基层组织参与就地城镇化的动力分析

农村基层组织就村级组织来说，具有协助上级完成任务、组织村民集体行动与表达村民公共产品的偏好的功能。党支部发挥战斗堡垒作用，村委会依法实行村民自治，农村基层组织在农村的发展中发挥了重要作用。在就地城镇化进程中，各种资源要素在农村和城市间的流动，需要强有力的农村基层组织予以支撑，需要其对重构的农村生产和生活秩序予以维护，国家仍需借助其进行国家与农民关系的维护，需要借助其处理农村各种复杂的事务（贺雪峰，2010）。

制度的功能通过组织因素发挥，制度变迁的过程和结果均离不开组织的作用（程勉中，2014）。农村基层组织在就地城镇化引发的各种制度变迁中具有重要的地位和意义[①]。2018 年中央一号文件提出，推进乡村振兴进程，治理有效是基础。就地城镇化和乡村振兴具有相似的目标，把农村当作城镇进行治理，让农民就地享受到城市的美好生活。在就地城镇化进程中，农村经济结构和农业经营方式发生了变化（马建新，2016），农民不仅仅是身份的改变，还包括文化和思想的深刻变革，这要求农村基层组织要主动适应这个变革，相当于治理现代化首先从基层组织开始做起。因此，农村基层组织的凝聚力、战斗力和执引力，尤其是参与的动力大小关系到就地城镇化的成败。作为农村管理

---

① 贺雪峰．论农村基层组织的结构和功能 ［J］．天津行政学院学报，2010，12（6）：45－61．

最微小的单位，农村基层组织参与就地城镇化的动力主要来自：第一，治理便利性的驱动；第二，农村集体经济收益增长的驱动；第三，基层组织稳固性加强的动力。

4.3.1　农村基层组织治理便利性的驱动

首先，土地规模经营带来的农村基层组织治理的便利性。家庭联产承包责任制下的小块土地经营，导致农业经营无法形成规模效益，也大大加重了农村基层组织管理的交易成本。单就公共基础设施的建设占用部分土地而言，也需要基层组织与相关的每户农民进行沟通协调，提高了交易成本，同时也会延误公共基础设施的建设。而就地城镇化提倡土地的规模经营，减少了农业经营主体数量，减少了农村基层组织与经营主沟通协调的时间，降低了沟通协调难度，从而降低了农村基层组织的治理成本。

其次，原有农村自发形成的村落集聚形式不能适应现代化农业发展的要求，就地城镇化后的农村社区化，由于农民集中居住后，不仅管理起来方便，召集农民集体行动的功能更加容易发挥，而且公共产品和服务的提供也具有较大的便利性。就地城镇化模式下，水、电、网、环卫等基础公共产品和服务的人均供给成本比分散居住更低，同时基层组织的调查、统计和协调工作也有较大的便利性。

4.3.2　农村集体经济收益增长的驱动

农村基层组织只有在农村集体经济壮大的基础上才能具有更强的生存实力。农村集体经济的发展是农村基层组织工作的重点，其各项工作都需要一定的资金实力支持。农村税费改革后，村级组织缺少了直接的经济来源，其收支缺口较大，办公经费紧张，村级干部报酬低，村级组织难以发挥应有的作用。这使得集体经济的发展成为村级组织工作更重要的内容。

就地城镇化破除了束缚集体经济发展的樊篱，为其发展提供了基础和条件。首先就地城镇化对基础设施、公共服务的重视，改善了其发展的基础条件，强化了其资产功能；其次城市生产要素向农村的流动和"反哺"有力地促进了农村集体资产的壮大（罗静良、吴辉球，2013），为农村集体资产带来较高的收益前景。集体建设用地的增值和集体经济的壮大在增加农民的财产性收益的同时，也增强了农村基层组织为农民服务的实力。

4.3.3　农村基层组织稳固性加强的动力

传统城镇化，大部分农业转移人口流向大城市，农村"空心化"现象严重。农村基层组织往往面对的是老人、妇女和留守儿童，这个群体不仅很难承担农业生产的重任，同时农村治理主体缺乏，基层组织难以开展正常工作，出现边缘化、虚化、弱化现象。农村税费改革后，农村基层组织的抽离，使农村的生产生活秩序遭到了严重考验（贺雪峰，2010），而基层组织连最基本的生存也遭遇了危机。

就地城镇化鼓励农业转移人口就地就业，就地发展，农村基层组织有了更大存续的必要性。在传统农村聚落消失后，基层组织仍然是农村重要的治理主体（田鹏、陈绍军，2015）。但就地城镇化推行的农民集中居住，在提高了农村基层组织管理便利性的同时也对基层组织提出了新的要求。农民的生活成本大大提高，对公共服务的需求也较分散居住前有了新的变化，这都要求基层组织及时转型，调整自身的功能定位、治理结构和治理方式（曾艳，2016），以提供更加健全的公共服务（党高辉，2014），进一步增强基层组织的稳固性。

总的来说，农村基层组织从治理便利、集体经济发展、自身建设等方面具有参与就地城镇化的动力。应当高度重视农村基层组织建设，提高治理能力和组织化水平，更好地发挥农村基层组织在推进就地城镇化过程中的重要作用。

4.4　企事业单位参与就地城镇化的动力分析

企事业单位参与就地城镇化具有重要意义。一是企业参与就地城镇化为当地的土地、原材料开发和利用创造了条件，为当地产业发展奠定了基础，为农业转移人口提供了就地就业机会，增加了收入来源，促进了劳动技能与文化素质的提高。二是事业单位参与就地城镇化为农民农业转移人口提供了更好的教育、医疗以及文化体育服务，有利于缩小城乡差距，促进城乡均衡发展。因此，企事业单位参与就地城镇化的动力大小关系到就地城镇化的顺利进行，关系到就地城镇化的质量和水平。

传统城镇化进程中兴起的乡镇企业曾经在乡村的发展历程中起到过重要作用。但长期割裂的城乡关系，农业转移人口的大量外流，各种生产要素的城乡分布不均衡，阻碍了民营企业和事业单位在农村落户和发展，导致小城镇建设主体单一，事业单位没有进驻的动力，企业和市场缺位（李慧、马跃华，2014）。企事业单位、市场的缺乏又反过来阻碍了乡村和小城镇的发展。

就地城镇化是坚持以人为本的城镇化，是促进城乡协调均衡发展的城镇化，是经济、政治、文化、社会、生态协调发展的城镇化，与传统的城镇化相比，企事业单位具有参与就地城镇化的动力。

4.4.1　企业参与就地城镇化的动力

从企业角度看，就地城镇化为其规模扩大、效益提高、事业发展提供了良好的机会，其动力主要来自：

第一，生产要素更低成本的驱动。企业参与就地城镇化，一是可以享受到更低成本的土地资源。就地城镇化通过土地置换和土地整理等途径释放出的土地资源比城市土地供给价格更低，降低了企业的生产成本。二是享受更低成本的劳动力资源。就地城镇化后，各种公共服务和社会保障追求城乡一体化，吸引大量农业转移人口就地就业。与大城市高昂的生活成本相对应的是企业较高的劳动力成本，而农村生活成本较低，相比城市劳动力，农业转移人口劳动力具有更低的价格。三是可以有更低价格的原材料。乡村往往倚靠历史资源的积累，具备某些优势资源，在农村建企业可以享受到更低价格的原材料供给。

第二，更多倾斜性政策的驱动。为了吸引企业参与就地城镇化，各级地方政府往往制定各种优惠政策，对入驻乡镇、农村的企业实行税收优惠或减免政策。与在大城市发展相比，企业能够得到更多的优惠，从而降低了企业成本，提高企业的收益。

第三，产业集聚的带动效应。就地城镇化有利于产业集聚，使企业能够与同类企业产生规模效应，与上下游企业更方便地进行产业链合作。因此，企业既能就地找到原材料，又能就地找到市场，找到产业集群中的分工定位，有利于企业的稳定和长期发展。

4.4.2 事业单位参与就地城镇化的动力

从事业单位角度看，就地城镇化为学校、医院、文化体育单位等提供了良好的发展机遇和发展空间，因此，它们参与就地城镇化的积极性较高。

第一，事业单位地理空间扩张的驱动。学校、医院、文化体育单位扩大规模往往需要占用较多的土地资源，这很难在城市得到满足，即使城市能够提供，事业单位也无法承担高昂的土地价格。而就地城镇化不仅能够使事业单位具有比城市更低的土地成本，而且地理空间更为广阔，有助于单位的规模壮大。

第二，事业单位市场空间扩张的驱动。农村教育与城市有较大差距，以至于农民为了子女教育往往选择城市买房，以享受高质量的教育服务。同时，农村医疗条件落后，文化体育设施缺乏、服务不健全，农民就医难，享受的文化体育服务相对落后。就城乡比较而言，这几个方面都存在较大的差距。在就地城镇化过程中，农民对教育、医疗、文体的服务需求随着生活质量、经济收入的增加而日趋由低向高转变，形成较大的市场容量。高质量的城市学校、医院、文化体育单位拓展到城镇，不仅满足了小城镇对于教育、医疗和文化体育的需求，也促进了这些机构的发展。

总的来说，企业单位从生产要素的成本、倾斜性政策、产业集聚方面具有参与就地城镇化的动力；事业单位从地理空间、市场空间等也具有参与就地城镇化的动力。政府应该进行有力引导，提高企事业单位参与就地城镇化的积极性和主动性。

4.5 政府参与就地城镇化的动力分析

就地城镇化是一项系统工程，涉及经济、政治、文化、社会、生态等多方面的问题。政府和市场在配置资源中都发挥着作用，在推进就地城镇化的进程中，要进一步处理好政府和市场的关系，切实让市场在资源配置中起决定性作用，同时又能很好地发挥政府的作用。政府是社会治理的主体，无论是市场作用的发挥，还是政府自身作用的发挥，都离不政府的规划设计、政策制定、设施建设、公共服务、市场引导等职能的发挥。党的十八大以来，我国的发展进入了新时代，面临的机遇前所未有，面临的风险和挑战也前所未有。在未来的发展中，就地城镇化是经济社会发展的一个重要方面。政府如何处理好与市场的关系，如何使政府自身的作用发挥得更加精准、更加有力、更加有效，是值得深入研究的问题。因此，有必要深入分析政府推进就地城镇化的动力来源。

4.5.1　地方经济发展目标动机

城镇化是迈向现代化的必由之路，在自上而下的城镇化中政府扮演了"城市化的投资者和组织实施者的角色"（项继权、王明为，2015）。2012 年 12 月 4 日，中央经济工作会议首次提出"城镇化是我国现代化建设的历史任务"。党的十八大、十八届三中全会、十九大等重要会议都关注新型城镇化发展，进行了顶层设计和总体部署。党的十八届三中全会提出，"完善城镇化健康发展体制机制，坚持走中国特色新型城镇化道路"。代表国家的各级地方政府主导下的城镇化通常看中的是城镇化的经济效益，城镇化被解读为拉动经济增长的发动机（杨建科，2016），满足国民经济长期高速发展的需要（杨发祥、茹婧，2014）。就地城镇化所带来的集约经济能带来区域经济增长，能进一步优化土地资源配置，提高土地产出效率，解决工业化过程中的土地瓶颈。同时，就地城镇化带来的土地增值、税收增加等是地方财政收入的重要来源，对完成地方经济发展目标具有重要的作用，也是地方政府推进就地城镇化的重要动力。

4.5.2　社会经济转型中的"三农"发展动机

"三农"问题是关乎我国全面建成小康社会及实现现代化战略目标的重大问题，是各级地方政府着力要解决的重点问题和工作目标。2002 年 12 月 26

日，中共中央政治局会议首次提出要把农业农村农民问题作为全党工作的重中之重。党的十九大报告提出了"乡村振兴战略"，指出"农业农村农民问题是关系国计民生的根本性问题，必须始终把解决好'三农'问题作为全党工作重中之重。"① 就地城镇化是破解"三农"问题的有效途径，是推进城乡一体化发展的有力抓手。就地城镇化将有效带动和引领农村劳动力转移、产业升级和农村发展，有效避免农业的凋敝、农村的衰败，实现农业发展、农民富裕、农村繁荣的目标。

就地城镇化有利于政府推动城镇化与农业现代化同步发展。就地城镇化进程中把大量农业剩余劳动力从低效率的农业中转移出来，有利于促进农业现代化的发展。这主要表现在两个方面：一方面，就地城镇化过程中非农产业的发展为农业现代化提供支撑。非农产业吸收一部分剩余劳动力，提高了农业的边际产出和收益率，有利于农业的积累。同时，非农产业的发展也扩大了农产品市场，提高了农业的规模化效益。另一方面，就地城镇化有利于涉农产业发展并带动农业生产力水平提高，推动农业装备水平和服务水平现代化，提高农业现代化水平。

就地城镇化有利于政府推进城镇化与农村现代化同步发展。就地城镇化是避免农村衰败的关键举措。传统异地城镇化下，农村先进要素不断流向大中城市，农村衰败是不可逆转的趋势。就地城镇化能有力地推进农村现代化建设，引导农民集约集聚居住，将城镇的公共设施引向农村社区，促进城乡公共服务均等化，推动美丽乡村建设，实现乡村现代化。

就地城镇化有利于政府推动城镇化与农民现代化同步发展。消除城乡差距的根本路径是城乡一体发展，就地城镇化是实现这一路径的有效模式。就地城镇化一方面使从农业转移出来的农民比较容易实现市民化，使他们在城镇有稳定的收入和住所，成为适应城镇产业发展的非农产业工人；另一方面使仍留在农业部门的农民向有技术、会经营的现代职业农民转型，他们虽然留在农村，但与小城镇居民社会有着比较紧密的联系，容易实现生产生活方式转变。

---

① 资料参考了 2017 年 10 月 18 日习近平代表第十八届中央委员会所作的报告《决胜全面建成小康社会　夺取新时代中国特色社会主义伟大胜利》。

4.5.3　社会经济发展的成果共享动机

我国党和政府十分关注社会经济发展的成果共享的问题，一直致力于实现共同富裕的目标。2013 年 11 月 13 日，中共中央发布的十八届三中全会公报中指出"让广大农民平等参与现代化进程、共同分享现代化成果"。就地城镇化不仅仅关注人口集聚问题，更彰显对社会公平正义的关注，这是对城镇化科学发展认识的不断深化。就地城镇化实现空间正义和人群正义，更能体现城镇化过程中的公平正义。

从空间正义方面来说，主要是就地城镇化能实现城乡一体发展，在推动城镇化的同时实现乡村繁荣、农民富裕。党的十八届三中全会指出，"城乡二元结构是城乡一体化的主要障碍"。就地城镇化实现农业转移人口就地就近转移，让转移人口比较容易实现市民化，成为就地城镇化的参与者和发展成果的分享者。就地城镇化能将城市的教育医疗资源向小城镇、农村社区延伸，也让农民享受城镇化的成果。就地城镇化有助于振兴乡村，实现城镇和乡村同步发展、一体发展，体现了城镇化发展过程中的空间正义。

从人群正义方面来说，就地城镇化改革可以让发展成果更多、更公平地惠及全体人民，使农村弱势群体也共享城镇化成果，充分体现社会主义制度的优越性。异地城镇化背景下，农业转移人口中的弱势群体难于在城镇就业市场上获得好的就业机会，要舍弃家庭团聚的温馨，忍受孤独的生活。就地城镇化不仅使农业转移人口中强势群体向城镇迁移，也能使老人、妇女等弱势群体实现同步迁移，共享社会经济发展成果。

4.5.4　扶贫开发背景下的就地城镇化动机

扶贫帮困是党中央、国务院的一项重要战略部署。2015 年 11 月，习近平总书记在中央扶贫开发工作会议中强调，要确保到 2020 年所有贫困地区和贫困人口一道迈入全面小康社会，坚决打赢脱贫攻坚战。因此，扶贫开发是新时期各地政府的一项十分艰巨的任务，就地城镇化是实现这一任务的主要抓手，各地涌现了以就地城镇化带动扶贫工作的新模式，如陕西"平利模式"①、湘西"吉乐模式"（王丽、马德隆，2015）。

城镇化是实现减贫目标的重要途径之一（张立群，2015），就地城镇化具有强大的减贫功能（黄开腾，2018）。就地城镇化促进农业转移人口向县域范围（或临县范围）小城镇集聚，小城镇能对周边贫困地区产生持久的辐射作用，带动贫困地区加入更广大地区的分工和经济循环。小城镇对周边贫困地区劳动力的吸纳又能提高农业的边际产出，增加农民的收入水平。因此，扶贫开发背景下政府有较强的动机推进就地城镇化。

就地就近城镇化是切实解决生存条件恶劣、生态环境脆弱、自然灾害频发等地区农民的扶贫问题的重要路径。许多地方政府根据本地特点积极探索富有特色的发展模式，如陕西平利县在移民搬迁过程中加强就业创业、招商引资工作，引导搬迁的农民实现就地就近就业和增收。当然，对于采用什么样的安置方式，需要根据具体情况和农民的诉求来决定。另外，政府的产业扶贫、教育扶贫、生态扶贫等精准扶贫方式也有助于推进就地就近城镇化进程（黄开腾，2018）。

4.6 就地城镇化动力机制建设的问题分析与优化路径选择

就地城镇化动力，来源于每个参与主体的利益诉求。城镇化的动力是一个综合系统（腾玉成等，2016），就地城镇化进程中各行为主体在动力机制作用下相互依存、相互作用，共同推动着就地城镇化的不断发展。就地城镇化是农业转移人口就地就近向城镇转移的动态过程，其动力机制是比较复杂的，不同动力主体、动力因素相互联系、相互影响、相互作用，共同推进就地城镇化发展。目前，在就地城镇化建设的过程中还存在不少问题，我们必须坚持目标导向、问题导向、效果导向，着力构建一个以目标一致性、主体能动性、相互协调性为特征的动力机制。

---

① 张哲浩，等. 小社区何以成就大战略：陕西平利县实施精准扶贫实现人的城镇化［N］. 光明日报，2016 – 8 – 6（1）.

4.6.1　就地城镇化动力机制建设的问题分析

就地城镇化动力机制建设的总体目标是落实以人为本的价值追求，实现农业转移人口就地就近迁移就业和生产生活方式市民化，促进城乡一体发展和经济、政治、文化、社会、生态协调发展，形成农民、农村基层组织、企事业单位、地方政府多动力主体协同推进的良好局面。但要实现这样一个目标，并不是一项简单的工作，而是一项复杂的系统工程，需要解决以下几个方面的问题。

一是动力的动机问题。不同的主体会有不同的动机，不同的动机会产生不动的动力，不同的动力，会形成不同的结果。如果动机出了问题，就会影响就地城镇化的目标和效果。就地城镇化的最终目标是实现人的自由而全面的发展，满足人民群众对美好生活向往的需要，因此，不同的动力主体，都应当将就地城镇化的动机统一到这一目标上来。在实践中，有的地方政府片面追求政绩，没有真正把人民的利益放在首位，存在违背农民利益和国家利益的情况，如补偿标准不到位、不注重生态环境保护等，容易引发拆迁纠纷、房地产虚假繁荣、社会矛盾突出等问题。有的地方政府为了快速推进城镇化，利用各种融资平台大量举债，带来了地方债的金融风险。有的地方政府对城乡一体发展不够重视，只重视把农业转移人口迁入城镇而忽视了产业的培育，造成迁入城镇的农民面临就业难的问题。

二是动力的载体问题。推进就业城镇化，要以规划设计、政策制度、服务平台等为载体，如果载体设计不科学，往往会影响就地城镇化目标的实现。比如，如果就地城镇化的规划设计不科学，各个动力主体的可控性就会受到影响，甚至会出现无序的状态；如果就地城镇化的政策制度不科学，就会使动力主体的利益受损，出现农业转移人口上访、投诉等问题；如果政府对服务平台建设不重视，就会出现企事业单位不愿意投资兴业、不愿意拓展市场等问题。因此，动力载体直接影响农业转移人口的就业机会、社会保障、公共服务等切身利益，影响农业转移人口对就地城镇化的满意度和获得感。

三是动力的协同问题。不同的动力主体、不同的动力类型，如果相互之间不协同，作用方向不一致，就会影响就地城镇化的合力，影响就地城镇化的成效。比如，地方政府动力与农民动力不协同，政策制度不符合农民的实际需要，农民就不会选择就地城镇化，而会选择去其他地方就业，走异地城镇化道路；地方政府动力与农村基层组织动力不协同，地方政府就地城镇化的推进就会遇到阻力，我国关于城镇化的大政方针、关于城乡一体发展的要求就落不到实处；经济动力与政治动力不协同，农业转移人口的民主权利就难以得到有效维护；经济动力与生态动力不协同，就会出现重经济利益、轻生态保护等乱象。

4.6.2 就地城镇化动力机制优化的路径选择

就地城镇化能否顺利推进，能否提高农业转移人口的满意度和获得感，提高经济社会发展水平，关键在于能否形成一个良好的动力机制，调动不同动力主体的积极性、主动性，形成共同的目标和合力。因此，我们必须高度重视就地城镇化的动力机制建设，努力提高推进就地城镇化的能力和水平。

一是坚持目标导向，加强顶层设计。在就地城镇化推进过程中，如果规划设计科学、发展理念先进、目标定位准确、功能布局合理，则有利于形成完整的城镇化发展体系，有利于调动农民、农村基层组织、企事业单位、地方政府等动力主体的积极性，有利于减少矛盾、减少浪费。因此，我们要深入研究当地的经济、政治、文化、社会、生态等特点，着眼于以人为本的发展理念，着眼于就地城镇化"五位一体"的总体布局，着眼于不同动力主体的实际需求，科学制定就地城镇化的发展规划。要高度重视规划的超前性、严密性、权威性，认真做好规划的制定与具体落实工作，调动不同动力主体参与规划制定、规划实施的积极性。要加强就地城镇化发展规划的宣传，让不同动力主体深入了解规划内容，发挥规划的导向作用、促进作用、管控作用，有序推进城乡一体发展、均衡发展。

二是坚持问题导向，完善协同机制。就地城镇化是一个非常复杂的过程，不同的动力主体、不同的利益需求之间相互联系、相互影响、相互作用，容易产生各种矛盾和问题，如果不及时协调解决，必将影响各动力主体参与就地城镇化的积极性，影响就地城镇化的进程。因此，地方党委政府要加强对就地城镇化工作的组织领导，理顺工作体制，完善组织体系，提高协同水平。经济动力、政治动力、文化动力、社会动力、生态动力是就地城镇化可持续发展的基本动力，影响城镇化发展方向和速度。推进就地城镇化的工作需要通过完善的动力协调机制，激发和发挥各个动力主体特别是农业转移人口的积极性、主动性和创造性，自主、有序地实现就地转移。因此，我们要坚持问题导向，从提高各动力主体满意度与获得感的角度出发，通过完善政策制度、强化平台建设、优化公共服务等，及时协调解决农民、农村基层组织、企事业单位、地方政府之间的矛盾冲突，促进各动力主体协调发展，着力建设推进就地城镇化的命运共同体。

三是坚持效果导向，注重整体推进。党的十九大报告指出，中国特色社会主义进入新时代，我国社会主要矛盾已经转化为人民日益增长的美好生活需要和不平衡不充分的发展之间的矛盾[①]。对这一矛盾的判断同样适用于就地城镇化，在推进就地城镇化过程中，需要解决好农业转移人口日益增长的美好生活需要和不平衡不充分的发展之间的矛盾。要着力解决好经济建设、政治建设、文化建设、社会建设、生态建设之间的不平衡不充分问题，重点克服只注重经济建设而忽视政治建设、文化建设、社会建设、生态建设的倾向，有效激发各动力主体的经济动力、政治动力、文化动力、社会动力、生态动力。要着力解决好农民、农村基层组织、企事业单位、地方政府之间不平衡不充分的发展问题。既要促进农民生产生活方式的转变，也要加强农村基层组织建设；既要支持企事业单位发展，也要加强地方政府自身建设。要着力解决好各个动力主体自身不平衡不充分的发展问题，如农村基层组织，既要发挥先进农村基层组织的示范作用、榜样作用，也要加强薄弱的农村基层组织建设，提高他们在推进就地城镇化过程中的向心力、凝聚力、战斗力。要着力加强就地城镇化的评价体系建设，形成一套科学的评价方法、评价标准、评价制度，建立健全对各动力主体的评价机制和激励约束机制，及时发现和解决推进就地城镇化过程中的不平衡不充分发展问题，整体提升就地城镇化的实际效果。

---

① 资料参考了 2017 年 10 月 18 日习近平代表第十八届中央委员会所作的报告《决胜全面建成小康社会　夺取新时代中国特色社会主义伟大胜利》。

第 5 章

农业转移人口就地
城镇化的政府行为

5.1 就地城镇化进程中地方政府行为分析

5.1.1 地方政府的整体行为理论分析

就地城镇化是实现农业转移人口就地转移、当地就业、公共福利均等化、生活方式转变等诸多复杂问题综合在一起的系统工程。就地城镇化作为一种新型城镇化样式，肩负着转变发展模式、促进经济结构和城镇治理转型的使命，被寄予很高期望。但传统的以功能性模型建立起来的政府部门无法顺利完成这项系统工程。因此，推进就地城镇化这项系统工程的过程也是政府组织模型再造的过程。唯有奠基于整体性模型的整体性政府行为才有可能在城镇化的整体框架内有效解决看似各个独立的复杂的社会问题。基于此，我们在众多政府行为理论中采用整体性政府理论来研究我国就地城镇化中的政府行为问题。

希克斯的整体政府理论主要来源于英国工党政府的改革实践，是对英国现代化政府改革的一种理论归纳和总结[1]。整体政府理论体系的主要内容有以下

---

① 曾维和. 当代西方政府改革创新的反思——走向一种"整体政府"的改革模式 [J]. 思想战线, 2009 (1): 98 - 103.

九项①。

（1）跨部门协同。这包括部门间的工作人员、部门间的团队以及类似的跨越组织边界进行协同工作的策略。比如，农业转移人口就地城镇化中地方政府的住房与社会保障服务、住房与环境卫生、住房与交通等职能部门之间的配合，就属于部门间的协同合作。

（2）跨机构合作。运用整体论的思维方式，跨越机构和专业壁垒，以解决职能交叉性问题和提供整合服务的协同合作模式。比如，农业转移人口的农地经营权流转和宅基地使用权流转需要专业的中介机构和评价机构提供合作服务。

（3）全网络协调。以网络为中心的协调机制是整体政府整合机构，进行协同运作的核心机制。就地城镇化牵涉各方面，需要地方政府协调各方力量，最佳协调方式是全网络协调，避免人工协调的高成本和可能发生的敷衍，也是农业转移人口就地城镇化有序推进的保障。

（4）适度集权化。整体政府是对过度分权化所产生的问题的一种矫正和对适度集权化的理性回归。地方政府在农业转移人口就地城镇化进程中需要统筹规划、协调监督，在确保"以人为本"和"城乡一体化"目标不变的情况下，允许镇政府和农村集体开展符合当地情况或特色的农业转移人口就地城镇化模式。

（5）职能综合化。整体政府是要从根本上遏止机构职能转嫁问题，以提高政府自身综合解决问题的能力，每个机构内部职能均需要在机构内部执行，而不能转嫁给其他机构。就地城镇化强调政府机构职能的综合化，即政府内部机构能完成的职能在内部封闭完成。

（6）服务协同化。整体政府在对外服务时，各种服务相互协同，无须等待其他部门的后续服务。比如，给农业转移人口提供就地城镇化的各种服务，是连续、有序、高效的主动服务，不是间断的、无序的、被动的服务。

（7）管理个案化。整体政府的管理是直接面向个体的，而不是一个笼统的群体。为每一个农业转移人口"建档"是整体政府"个案化"管理的核心。比如，农业转移人口的医疗服务领域中的管理个案化，就是跨城乡各职能部门

---

① Perri 6. Holistic Government［M］. London：Demos，1997：38－42.

和领域来应对农业转移人口的医疗所面临的交互性任务和问题。

（8）互动信息化。整体政府以现代信息技术为基础，建立一个可以输入和检索镇、村、农业转移人口个人基本信息的共享电子系统，以及一个围绕农业转移人口就地城镇化提供公共服务的触摸屏界面，整合就地城镇化所有信息，实现农业转移人口与政府之间互动行为的信息化。

（9）财政整体化。跨越职能边界，建立各种活动（如住房、工作培训、社区发展等）的一个单一采购的预算，迫使各个部门主动协作、协调，共同高效使用财政资金。财政资金预算不再纯粹按照政府职能部门编制，而是在就地城镇化的整体层面统一规划资金。

希克斯的整体性政府模型与传统的功能性政府模型针锋相对。传统行政管理以"功能性模型"为基础，即围绕特定功能和目的进行组织设计。围绕特定目的与活动进行组织设计的传统行政管理模式，造成政府部门之间的条块分割。政府部门多头管理或无人管理，进一步加剧治理危机，一些新的社会问题难以及时解决。传统城镇政府的管理体制存在的公共服务能力不足、公共服务碎片化、治理运动化，使它无法担负起就地城镇化建设的使命。其一，基层政府公共服务能力不足。分税制改革后中央政府和省政府上收城镇政府的国税、地税、工商、国土等权力，削弱了城镇政府的财力。同时，公共服务型政府改革中，市县政府把诸如民政、就业培训、农村医疗、社会保障、劳动关系协调、环境监管、食品安全等职能下放给城镇，而财力并没有相应下放，导致城镇政府机构、人员、财力严重不足。其二，公共服务碎片化。公共服务供给分散于不同的部门，形成服务的脱节、不连贯和分散化，碎片化问题日益突出，主要表现为：一是城乡统筹、环境治理、城市管理等工作，没有对应的机构承担，工作职能分散于多个机构，人力、物力缺乏整合，降低了城镇政府推进就地城镇化的效率；二是重点工作缺乏单独机构对接。不同的城镇有不同的资源禀赋、功能定位、产业发展、人口规模，它们各自的发展方向和重点工作也不同，但是，基层政府并没有设置专门机构对接。其三，"运动化"治理方式。在公共服务资源不充分、能力不足，公共服务碎片化以及城镇化任务不断增加的前提下，为完成任务，基层政府开始诉诸各项运动，强调在短时间内尽可能多地动员政府部门的人、财、物，把所有行政机构集中于一个目标。"运动化"治理严重干扰了城镇政府的日常性行政工作和公共服务供给。循环的运动使基层政府把有限的资源配置到经济发展领域，城镇公共服务水平和供给能力并未提高①。

因此，以功能性模型为基础的传统政府行为需要结构重构与功能再造。西方各国以"再造政府"为内容开展新公共管理改革运动。20 世纪 70 年代末 80 年代初，西方国家通过建立专业机构、引入竞争、签约外包、私有化、顾客导向等措施，开展政府"瘦身计划"，提高行政效能，有效地抑制了政府规模的增长，但"瘦身"之后的政府依然没有脱离"功能性组织设计模型"，需要社会综合治理各类复杂问题。显然，希克斯的整体政府理论有助于解决上述"碎片化公共服务"和"碎片化治理"困境等现实问题，是对功能性政府的一种结构调整和功能优化。

"整体政府一个重要的创新就是围绕结果而非围绕功能来定义组织和进行组织设计。"② 希克斯甚至认为，整体政府最激进的步骤可以用"结果导向"的部门完全取代基于功能的治理。为完成这种结果导向的治理方式，他提出了政府整体性运作的十大步骤：一是识别那些有必要进行整合的组织之间的关系；二是理解追求这些目标的内容，特别是其中的约束条件、障碍和资源，尤其要注意理解参与机构的历史、技巧和文化等因素；三是识别需要整合的条件和状况；四是识别权力工具和资源；五是应用工具和资源，把条件置于合适的地方；六是识别潜在的风险；七是识别任务，克服障碍与管理风险的策略；八是识别机制或实现任务的交互活动，并熟练地使用它们；九是设计并执行一个系统，以监督和评估运用整合策略所产生的结果；十是回到任务和策略。希克斯强调，虽然整体性运作的周期性推进策略包括十个步骤，但在实践中这些步骤的运用不一定是线性的，管理人员可以从任何一个节点开始，根据具体情况反复地多次运用，不断地修正目标和策略。此外，一个国家进行整体政府改革，可以采取自上而下和自下而上两种方式，但都必须在政府各个层级获得广泛的政治支持，同时也要吸收大型公司组织机构间的管理经验③。

---

① 张丙宣，赵光勇. 整体性政府视角下新型城镇化建设：以杭州市为例 [J]. 浙江海洋学院学报（人文科学版），2014（4）：63－69.

② Perri 6. Holistic Government [M]. London：Demos，1997：46.

③ Perri 6. Diana Leat，Kimberly Seltzer and Gery Stoker. Governing in the Round：Strategies for Holistic Government [M]. London：De-mos，2001：60－61.

整体政府理论虽然揭示了功能性政府的缺陷，可以解决部分现实问题，但也存在一些悬而未决的难题。有学者认为，希克斯的理论基础仍然是韦伯式的官僚制结构，并没有提供一种围绕问题建构的组织结构形式。更严重的是，部门、机构的利益和公务员的能力成为打造有效的整体政府的短板，也就是说，部门和机构利益往往是阻碍整合的一个重要因素①。

虽然整体政府理论存在其自身固有的不足，在西方国家的运行实践中也不停地遭遇失败，但它强调整体、协作，以系统力量提供高效的政府公共服务的思想，对于我们开展就地城镇化建设具有重要的参考价值。整体政府理论构想在"强势政府"的环境下，其优势将充分释放，其不足也会被政府强有力的"有形之手"所克服，因而特别适合地方政府在推进就地城镇化的系统工程中采用。

5.1.2　地方政府与农业转移人口就地城镇化

厘清地方政府与就地城镇化的关系，首先需要掌握国内外城市化发展趋势。

就国外城市化发展历程来看，国外的城市化大致呈现出两个极端：一是欧美日等发达国家和地区的高端城市化，二是亚非拉等欠发达国家和地区的低端城市化。高端城市化的特征是，人均 GDP 遥遥领先，工业产业附加值高，高收入、有保障的就业机会多，国家福利、保障和救济能力强，城市自我再生能力强，城市居民过着体面安居和有尊严的生活。低端城市化的特征是，人均 GDP 落后，工业产业附加值低，城市产业雷同、单一，城市对集聚人口的承载力低，高收入就业机会有限，大量进城人口无法获得体面的居住条件、就业岗位和收入来源。高端城市化与低端城市化的鲜明对比，除了各国经济发展水平、经济发展阶段、国民教育水平和文化素质等基础条件不同的原因之外，根本原因是经济全球化产生的国家之间的经济结构新格局。欧美日等传统发达国家和地区利用经济全球化成功实现低端制造业向高端制造业的转型升级，在赢

---

　　① 曾维和. 后新公共管理时代的跨部门协同：评希克斯的整体政府理论［J］. 社会科学，2012（5）：36 – 47.

取高端制造业的高额利润的同时，也从转移的低端制造业中分取了创意、设计、品牌以及专利的巨额收益。全球经济利益格局的固化进一步加剧了高端城市化和低端城市化之间的优劣差距。

短时间内，中国的人均 GDP 不可能赶上发达国家，中国工业附加值还会在低位徘徊，中国城市高收入、有保障的就业机会依然不会普遍增加，国家福利、保障和救济能力也会一直与人均 GDP 成正比，大量进城农业转移人口还不可能马上过上体面的生活。中国的城镇化还不可能马上迈向高端城市化。当然，这也绝不意味着中国的城镇化就一定要走低端城市化的道路，那种学习印度、巴西在城市中搞贫民窟，走低端城市化道路的主张是对中国城市化发展形势和特点的误判。因此，中国政府需要在高端城市化和低端城市化之间寻找一条具有自身特色的城市化道路。

自改革开放以来，中国的城市发展的确走上了一条与众不同的道路。贺雪峰认为，城市化的中国道路的秘密是中国独特的政策与制度安排。他发现有三个基本制度在支撑中国的城市化道路：一是以家庭联产承包为基础的小农经济制度安排，保证了无法定居城镇的农民仍然可以选择返乡；二是土地制度安排保证了建设用地涨价归公；三是城乡二元结构由过去的剥削性结构变成了保护性结构[①]。正是这三大制度安排，使得中国式城市化道路具有极大的优越性。具体表现为：小农经济制度安排保留了农民返乡的权利，中国城市没有出现大规模贫民窟；建设用地涨价归公制度确保了政府主导城市空间发展的节奏和规模，使中国城市面貌得到很大改观；城乡二元结构下的农民户籍在限制农民的同时也阻止了资本下乡，确保农村家庭承包地和宅基地始终能留在农民手中，进而使农民能充分应对中国城市经济运行的起伏涨落。中国特色的城市化道路，实际上就是一条预防农业转移人口贫困、确保农业转移人口生存发展安全的就地城镇化道路。

就地城镇化道路的优越性不仅体现在与印度、巴西的比较中，即使与人均GDP 高于大陆的我国台湾地区相比也有明显优势。一方面，台湾地区采用老农津贴、农业休耕制度维持其小农经济制度安排，以打消农民进城的后顾之忧；另一方面，1990 年开始台湾地区又推行第三次土地改革，实行农业用地

---

① 贺雪峰. 城市化的中国道路 [M]. 东方出版社，2014：2.

的上市交易，以推进农业土地集中，实现农业现代化。但是，实践证明，台湾地区的农业并没有因为这种土地制度改革走向现代化，相反，随着农民进城、资本下乡，农业用地上新建了豪华农舍，而农业现代化发展丝毫不见成效。台湾地区农村土地制度改革人为增加了农业发展和农民返乡的障碍。就地城镇化的中国道路奠基于中国特色的农村政策和土地制度安排，这个论断，是地方政府推进就地城镇化不可不察的一个重要的制度背景。

学者普遍认为，中国城镇化水平的提高并不以城镇人口比重增加作为唯一衡量指标，更重要的是要以追求发展质量为目标，包括城镇经济总量的提高、基础设施状况的改善以及居民享受到的文化教育、医疗卫生、社会保障水平的提高①。理论上，这种思路并没有错。沿着发达国家高端城市化发展道路，亦步亦趋地推进中国的城镇化，抓住城镇经济总量和人均经济指标的关键，大力改善基础设施、大力提高公共服务水平和质量，最终实现城镇化的目标。但是，只要全球经济格局的固化趋势不变，这种模仿式的城市化发展思路就是不现实的。中国政府提出的新型城镇化，目的就是要走一条中国特色的城镇化道路，要走一条充分发挥中国特色社会主义优越性、充分发挥政策和制度安排优势的城镇化道路。这条新的中国特色的城镇化道路就是现阶段正在推进的就地城镇化。就地城镇化强调尊重现有农村土地制度，是保护农民的土地物权，不会导致农业转移人口"贫困化"和"流民化"的一种新型城镇化。

基于上述因素，地方政府推进就地城镇化的任务主要有三项：一是夯实迈向高端城市化的基石；二是预防农业转移人口的贫困；三是建构有效的整体政府，加快就地城镇化进程。可见，地方政府在推进就地城镇化建设中居于主导地位，没有政府的组织、引导和管控，就地城镇化任务是不可能完成的。地方政府在推进就地城镇化进程中，不能以"自由放任"的态度对待就地城镇化，尤其是不能放任资本的"圈地运动"，防止农业转移人口失去"立足之地"。地方政府应承担起"组织管理"的重任，通过政府"有形之手"引领就地城镇化走向高端，避免其滑向低端。就地城镇化建设中，地方政府扮演"先行先试"的制度创新者的角色，既要探索出预防和解决农业转移人口的城市贫

---

① 杨帆，卢周来. 中国的"特殊利益集团"如何影响地方政府决策：以房地产利益集团为例[J]. 管理世界，2010（6）：65–73.

困问题的一系列制度举措，又要探索出能确保农业转移人口"进出自由"的制度体系。

5.2　就地城镇化进程中地方政府行为缺失的表现和根源

5.2.1　就地城镇化进程中的地方政府行为缺失的主要表现

从中国特色的政策与制度安排的视角来考察全国各地的城镇化，学界大致发现四大问题。一是尚未根除土地城镇化的思想依赖。城镇化建设过程中，各地纷纷兴建工业园区、经济开发区和农民新居，普遍反映出建设用地指标紧张。但有些地方也出现了工业园区内企业不多、人气不旺、房屋闲置的现象。一定程度上，不少地方政府对新型城镇化的理解还没有摆脱土地城镇化的固有思维，以为盲目的造城运动就是新型城镇化的核心内涵，没有将新城、新区建设与招商引资、人口转移等紧密结合起来①。二是尚未根本摆脱地方政府债务的风险。土地和资金是各地新型城镇化建设中最紧缺的要素，为解决城镇化建设的资金需求问题，有些地区采用城投、交投担保的方式大规模向商业银行举债。项目的建设也大量采用了 BT 方式，没有考虑到后续的偿还能力，城市积累的债务规模越来越大②。三是尚未完全调动土地的要素集聚功能。部分地方的城镇规划不够科学，集中表现为规划布局不够合理。工业园区，求大贪多，没有考虑到发展的实际需要，造成资源浪费；住宅园区，规划不接"地气"，满足不了居民生产、生活需求，存在着二次拆迁的隐患；规划的稳定性不足，部分地区出现了城镇规划变动性过大的现象，甚至出现城镇规划随着领导的变更而随意更改的情况。四是尚未发挥产业的基础支撑作用。目前困扰地方的问题主要是，工业园区企业入园率不高，园区附近的新建住房入住率不高，城镇

---

① 刘艳. 安徽城镇化发展中协调人地关系的政府行为 [J]. 内蒙古农业大学学报（社会科学版），2015（3）：39-43.

② 谢尚行. 城镇化与地方政府债务问题探析 [J]. 当代经济，2013（22）：76-77.

化发展缺乏必要的产业支撑，地方经济发展的持续动能缺失，"空城"现象堪忧[1]。

课题组选取陕西高陵、河南新郑、浙江嘉兴海盐、浙江苍南县龙港镇等地区作为课题调研重点，我们发现，有些地方政府在推进城镇化试点工作中存在以下几方面的缺失。

一是就地城镇化的产业发展规划缺乏前瞻性。有些地区虽然有推进就地城镇化的产业基础，但整体规划统筹不够，针对农业转移人口就地城镇化的产业发展规划不够到位，源源不断地为农业转移人口提供就业岗位的产业环境尚未形成。2015年，陕西高陵区农村常住居民人均可支配收入达到15191元，城镇常住居民人均可支配收入达到27423元。但受访社区的乡镇村干部普遍反映当地经济发展受限，农业转移人口返乡后就业压力大、非农就业收入变少。河南新郑等地也遭遇相同的发展瓶颈问题。浙江嘉兴海盐、浙江苍南龙港在园区招商、园区产业发展方面也遇到不少问题。这些问题的出现，同产业发展规划缺乏前瞻性有直接关系，地方政府的产业规划不仅应考虑现有产业基础，更应研究农业转移人口持续就业和创业的需求。

二是就地城镇化的配套政策缺乏协调性。例如，由于就业政策缺乏统筹考虑，尚未建立起公平的就业安置机制，导致农业转移人口家庭就业状况苦乐不均，进而影响家庭收入。我们到社区入户访谈发现，有的家庭依靠村社资源从事住房装修、设施安装等工作，家庭年收入能达到30万~40万元，但这样的家庭占比不高。多数家庭主要依靠子女外出打工谋生，一年的家庭收入在3万~5万元，基本生活没有问题。问题是有的家庭子女读书学费负担较重，有的家庭因病致贫，家庭生活水平被拉低，时常需要接受各种救济。对于尚未实现迁居的农业转移人口而言，由于教育、就业、社保、养老、医疗等配套政策规范性不足，未能在农民心中形成稳定的预期，因而他们面对就地城镇化政策会表现出一种不安情绪。对于如何在城市站稳脚跟的问题，有些受访者的态度是靠地方政府不如靠自己。对于采用土地置换方式实现城镇化的问题，有些受访者认为天上不会掉馅饼、地方政府不会做赔本的买卖。对于城镇化的美好前景

[1] 刘艳. 安徽城镇化发展中协调人地关系的政府行为 [J]. 内蒙古农业大学学报（社会科学版），2015（3）：39-43.

问题，有些受访者认为画饼不能充饥，地方政府官员自己心里也没底，城里人也过得很焦虑。

三是就地城镇化的政府权限缺乏自主性。就地城镇化涉及农业转移人口的身份、土地权利、公共服务、社会保障等诸多因素，地方政府能自主决定的改革举措有限，不利于地方政府根据地方实际情况及时应变。一些经济快速发展的城镇亟须地方"立法权"的下放。比如，浙江省苍南县龙港镇被喻为"中国第一座农民城"，是农民自费造城的样板。龙港镇建成区面积 19 平方千米，2014 年，镇区人口 25 万，户籍人口 36.2 万，常住人口 43.6 万，是农业转移人口市民化程度较高的就地城镇化样本。2014 年 12 月，龙港被列为"国家新型城镇化综合试点镇"。但由于龙港镇行政级别过低，缺乏相应的政策制定与项目审批权限，制约了就地城镇化水平的提高。要实现就地城镇化从初级阶段向高级阶段发展，最终迈向高端城市化水平，必须有新的制度创新，赋予镇一级地方政府更多的政策制定权和项目审批权。地方政府的权限纯粹依照城市行政级别来配置，会带来就地城镇化的整体协调效能不高的问题。就地城镇化的国家级改革试点镇、县、市，迫切需要在政策制定、实施等方面突破原有行政级别限制，从实际情况出发，给予更多、更大的权限以提高推进效能。

5.2.2　就地城镇化进程中地方政府行为缺失的根源

一是地方政府与中央政府之间的整体协调不够。就地城镇化进程中之所以出现产业驱动力不足之下的仓促推进和配套保障不力之下的收入分化，主要是因为中央政府与地方政府整体协调出了问题。中央政府基于社会稳定的考虑，对政策制定权、项目审批权管控得比较紧，在推行户籍、财税、土地、行政、投融资等方面的改革比较慎重，相关政策的出台往往滞后于地方政府的实际需求。由于中央政府与地方政府整体协调不充分，在推进就地城镇化的过程中，地方政府在产业发展规划制定、政策制度制定、项目审批管理等方面容易产生对中央政府的依赖，导致地方政府行为缺失现象的发生。

二是地方政府的部门之间的协调不够。就地城镇化表面上是地方政府的行政事务，但实际上，它不仅是中央政府和地方政府的事务，而且还是地方政府之间的事务。它不仅需要中央政府的统筹、地方政府的执行，还需要各个地方政府的相互协作。经济发达地区通过吸纳大量农业转移人口的就业率先发展起来了，但"城中村"的老居民的市民化问题没有妥善解决好，外来务工人员的当地化问题没有解决好，回乡的农业转移人口就近就业又面临产业支撑力度不够的困境。由于地方政府之间缺乏整体协调，容易产生就地城镇化政策不配套、保障不配套、规划不配套等问题，从而影响政府行为的针对性和实效性。

三是地方政府与农村基层组织、企事业单位等主体之间的整体协调不够。在就地城镇化过程中，农村基层组织、企事业单位是重要的推进力量，对落实就地化政策措施、促进农业转移人口就近就地就业具有重要的作用。政府如果工作比较主观，不重视调查研究，不重视与农村基层组织、企事业单位沟通，不重视建立有效的协调机制，不仅会影响就地城镇化的进程，也会影响政府作用的发挥。有的地方就地城镇化推进速度比较慢，农业转移人口满意度比较低，同地方政府没有与农村基层组织、企事业单位建立完善的协调机制直接相关。

四是地方政府与农业转移人口之间的整体协调不够。就地城镇化的核心问题是解决好农业转移人口就近就地就业、实现生产生活方式市民化，这既需要地方政府的规划设计、政策制定、经费投入等措施，也需要农业转移人口的理解支持和积极参与。有的农业转移人口对就地城镇化满意度不高，这与地方政府不重视与农业转移人口的整体协调直接相关。有的地方政府不注重落实以人为本的理念，不注重解决好农业转移人口的就业问题、政治权利问题、社会保障问题、文化需求问题、生态建设问题，出台的规划、政策、制度、措施不符合农业转移人口的实际需要，必然影响农业转移人口参与就地城镇化的积极性，影响农业转移人口的获得感与满意度。

5.3 就地城镇化进程中地方政府行为的优化路径

解决当前就地城镇化各种问题的路径是政府行为的整体优化，即通过优化政府行为，确保地方政府推进就地城镇化的行为是一种政府的整体行为。就地城镇化的政府整体行为的根本宗旨是"以整体资源服务于整体利益"。所谓"整体资源"是指政府整合相关财政资金、整合城乡土地资源等，形成推进就地城镇化的整体资源,该资源专门用于就地城镇化事业。所谓"整体利益"是指农业转移人口在就地城镇化过程中实现经济、政治、文化、社会、生态等方面收益与权利的最大化。政府整合、集中各种资源推进就地城镇化的正当性取决于整体资源所服务的目标。当整体资源服务于农业转移人口就地城镇化的整体利益时,整体资源自身就有了正当性。"整体资源服务于整体利益"就是坚持以人为本,发挥各类资源的整体作用,实现农业转移人口整体利益最大化。为达成此目标,应从以下几个方面整体优化地方政府行为。

5.3.1　整体优化产业发展规划

产业发展是支撑就地城镇化的关键要素,从就地城镇化的实践情况看,产业发展规划重视不够、统筹不足是一个突出问题,地方政府应坚持以下四个基本原则,在整体性方面进一步优化地方产业发展规划。

一是坚持政府引导产业发展原则,即地方产业发展不能任由资本随意投资,政府应发挥引导作用。该原则在产业规划中应当具体化,即什么产业符合地方经济社会发展需要,什么产业具有高成长性、高增长率,什么产业可以从周边大城市转移过来,如何围绕产业形成高效的产业链,如何发挥政府引导资金的吸引力和杠杆作用,如何通过股份合作保障政府资金的安全和收益等具体问题,需一一具体落实,不能将"政府引导产业发展原则"大而化之,更不能将其等同于政府开公司、办企业。

二是坚持产业发展服务于农业转移人口就业原则。无论地方引进任何产业,均应将服务于农业转移人口就业作为一个重要指标。从事该产业的公司员工多数来自本地,吸纳本地就业人数占比高,说明该公司的创办产生了积极的社会效果,对就地城镇化的推进作用显著。对这类公司应当优先引进。同时,适度吸引劳动密集型产业,以增加当地就业人口的就业机会。所以,在招商引资过程中,要避免出现招商引资与吸纳本地劳动力就业相背离的现象。

三是坚持以产业发展前景为招商引资条件的原则。不能为了完成招商任务,盲目引进赚"快钱"的产业和企业;不能为了解决当地农业转移人口就业岗位,盲目引进不利于环境资源保护的产业和企业;不能为了完成引资指标,盲目引进资金来源不合规的产业和企业;不能为了确保土地出让收入,盲目引进旨在圈占土地的产业和企业。对于发展前景好、成长质量高的产业和企业，政策优惠可以"顶格"赋予。地方政府要尽可能留住好的产业和企业，为推进就地城镇化创造良好的条件。

四是坚持以合理地价培育产业的原则。合理地价是培育优质的产业和公司的良方，地方政府不能一味依靠"土地财政"支撑地方经济。一个地方的地价、房价不合理性地暴涨，会严重打击资本经营实业的积极性，大量实业资本遁入房地产业最终会给当地产业发展带来负面影响。因此，地方政府应以"有形之手"控制房地产投资的平均利润率，不能让房地产投资收益远高于平均利润率。

5.3.2　整体优化政府公共服务体系

政府公共服务体系在经济社会发展水平较高的地区基本实现了城乡全覆盖。公共教育、公共卫生、公共文化、公共交通、公共通信以及就业、分配、社会保障、社会福利等公共服务项目已基本实现了城乡统筹。整体优化的方向是突出重点，关注农业转移人口迫切需要的公共服务，优化资金配置，让有限的财政资金切实用在农业转移人口上。整体优化政府公共服务体系主要表现在以下几方面。

一是整体优化公共服务主体和信息系统，实现整体性的公共服务。地方政府应主动将各种公共服务主体（政府各部门、企业、非政府组织等）有机地协同起来，为公众提供无缝隙的整合性公共服务。整体性公共服务系统应整合成两大服务信息系统，即生活服务系统和生产服务系统。生活服务系统围绕土地和住房展开，整合土地划拨和出让、住房建设、交通、水、电、煤气、网络等基础设施服务，优化文化休闲、体育健身、义务教育、医疗保健等。生产服务系统围绕企业展开，整合产业规划、企业管理、科技发展、工商税收、劳动、职业培训、社会保障等，为农业转移人口提供从就业、培训到失业保障，从创业、税收优惠到科技支撑的完整服务。这两大系统的最大优势，就是大量的个人信息与服务可以通过跨部门协同的方式得到及时处理。农业转移人口面对的不是各个功能性的政府部门，而是生产和生活的两大服务系统。进入这两大系统，就可以完整享受到政府的各项公共服务。这项工作需要中央政府层面的"大部制"改革加快推进。在整体政府的信息系统中，为所有人建立统一的社会保障身份，提供基本社会保障福利支撑。当前，可在经济发达地区试点建立"大部制"的公共服务系统，搭建公共服务信息系统，将取消农业、非农业户籍区分的城市人口全部纳入公共服务信息系统，让城市常住人口共享公共服务。这是一项让农业转移人口看得见好处的政府整体行为。

二是整体优化城乡义务教育公共服务系统。当前城乡义务教育差距明显。教育导致的阶层分化不仅影响农业转移人口就地城镇化的积极性，而且也在损害城市发展的未来。所以，在整体优化就地城镇化的政府行为时，应将有限的财政资金投向公平、优质的城乡义务教育。教育公平和优质教育公共服务系统应成为一种超任期的长效建设工程。例如，河南新郑为服务就地城镇化，全面提升公平义务教育。12 年义务教育全免费，即到高中毕业，孩子们可以享受到 12 年的义务教育。同时，政府教育资源公平分配，学校在同一起跑线上自主开展义务教育。然而，一些城市在引进国外留学归国人才和高学历人才方面力度大，这种人才工作见效快、社会反响好、各方积极性高，但在面向城市未来的义务教育公平方面，整体统筹不足，过于偏重房地产业中的学区布局和建设，忽略了农业转移人口的基本教育需求。教育投资是将投资目标锁定为孩子的一种有效投资，是就地城镇化面向长远的一种政府投资，不仅在现在产生即时的社会效益，也必将在未来产生积极的社会效果。虽然看上去暂时没有什么经济效益，但未来必能因社会问题的减少而节约解决社会问题的巨大开支，在这个意义上，它又是有巨大经济效益的。因此，整体优化公共服务体系，应聚焦在教育公共服务系统上。

三是整体优化农业转移人口的医疗保障服务体系。"病有所医"的内涵不仅仅是指有地方看病、有地方接受治疗，更强调有尊严的医疗。当前"医患"矛盾和冲突之所以时有发生，根源在于尊重不足、权利不够。除了加强保障医护人员的尊严和权利之外，还要着重维护农业转移人口医疗的尊严和权利。一方面，应加强他们就医时的导医、挂号、看病、付款、取药、住院、复诊等环节的服务和教育工作，让他们充分体会到医院"治病救人""为人民服务"的真诚态度，同时也增加他们的就医常识，进而能体谅医护人员工作的特殊性；另一方面，应增加农业转移人口的医疗权利，切实落实农民的知情权、选择权、公平就医权，尤其是可查可不查的"前期检查"，一定要保证他们有自主选择权。医疗机构应及时建立医学常识顾问，专门为农业转移人口的自主选择提供帮助。

四是整体优化农业转移人口社会保障公共服务体系。农业转移人口的社保从无到有，是统筹城乡社保制度改革的重大进步，但社保制度设计应切实维护农民的尊严和权利。一个月五六十元的社保兜底，说起来，好像已经建立了社保制度，但实际上，杯水车薪的补贴不足以保证他们的基本尊严。社保尊严的底线是最低生活保障。要让拿了社保的农业转移人口不再成为"乡下人"。社保金额一定要满足农民"吃、穿、住、行"等基本生存需要。同时，要维护农业转移人口的社保权利。除了维护他们的社保知情权外，还要根据实际情况降低实现社保权的烦琐程度。要建立异地提取、代理人提起等方便民众实现社保权的配套制度。相关单位和部门要履行法定义务，配合农业转移人口行使社保权。

5.3.3　整体优化城乡空间布局

就地城镇化与城乡空间布局密切相关。城乡空间布局合理，有利于农业转移人口选择就地就近就业，否则，他们可能会远走他乡，选择异地城镇化的就业与生活方式。整体优化城乡空间布局，应着重把握以下几点。

一是整体优化城乡物理空间网络结构。摆脱旧城区圈层式蔓延的空间结构模式，建立多中心网络和多层次结构的多元化城市空间网络结构。改变城市单一中心功能、单一居住功能或单一商业、工业功能，避免单一化导致的人口难以集聚的问题，应建立空间互补、功能多元的网络空间结构。多中心体系结构不是简单的主、副关系，而是特色鲜明、相辅相成、各有所长的多层次结构。除了通过产业布局优化城乡空间网络结构之外，更重要的是通过城乡交通网络建设，整体优化中心城市、卫星城镇、中心城镇和中心村在城乡交通节点的位置，最终实现中心村成为城乡空间网络结构中不可或缺的重要节点。城乡交通网络建设是驱动城乡一体化发展的重要因素。它既是拓展城市空间资源配置，增强城镇聚散功能的抓手，也是带动乡村经济发展，提升区域整体竞争力的抓手。

二是整体优化城乡生态空间网络结构。城乡生态空间网络包括宜居空间、开敞空间、生态联系带和生态隔离带等。整治农村生态污染源，建立城乡生态联系带，建构污染共治、生态共享的机制。划定禁止建设用地的范围，作为城乡开敞空间。建立生态隔离带，进一步区隔工业区和居住区。以沿河、沿路和沿山绿地为主要依托，构筑"点、线、面"相结合的城乡绿地整体网络，联通城市绿地和乡村"绿肺"。乡村生态空间成为城市生态空间的源头和依靠。建立城乡之间的生态补偿机制。通过财政补偿和企业补偿等多元补偿方式，补偿因城市开敞空间和生态环境建设而造成的经济损失和潜在经济损失。建立城郊生态补偿基金，资助城乡可再生能源的投资、植树造林、湿地保护等对长期生态进行保护的工程项目。

三是整体优化城乡产业空间布局结构。优化城乡产业空间布局，可方便农业转移人口自然、顺畅地实现就地、就近城镇化。企业市场化的空间行为，趋向于企业发展的区位选址和集聚，因应企业产业空间分布的新分工和协作形态，应进一步调整和优化产业布局。基于优化的城乡交通网络，在城乡沿路一带规划具有产业链条的产业带。将现代农业示范园区、特色农业产业园区、无公害养殖示范区、生态园林休闲观光区、优质蔬菜基地，以及优质农副产品生产加工基地与相关产业配套布局在沿路产业带，形成相对完整的产业链条。结合行政区调整和村镇撤并，归并乡镇工业园区，集中到沿路产业带上。沿江、沿湖一带的产业布局应坚持生态优先的产业布局理念，沿路产业带布局，即可满足企业发展的需要，亦可最大限度地降低就业人口居住的集中程度，避免大拆大建。

5.3.4　整体优化就地城镇化改革试点城镇的立法权限

针对就地城镇化改革试点城市行政权限过低问题，不宜简单地采取"镇改市"的办法，而应根据其改革试点的需要赋予其特定立法权。

一是赋予试点城镇保障农业转移人口身份权益的立法权限。农业转移人口的身份上依附土地承包经营权、宅基地使用权和集体资产收益分配权等财产利益，政府可以转换农业转移人口的身份，但不能拿走他们的土地权利。调查数据显示，在不涉及承包地等问题时，在 1980 年以前出生的农业转移人口中，大约有 80% 的人不愿意转变为非农户口；在 1980 年以后出生的农业转移人口中，有75%左右的人不愿意转变为非农户口。如果要交回承包地才能够转户口，则大约90%的农业转移人口不愿意转变为非农户口①。因此，各地在推进就地城镇化过程中，应重视保障农业转移人口的身份和身份利益。当前落实农业转移人口双重身份制度，可采用赋予就地城镇化试点单位特别立法权的办法，即全国人大或中央政府授权改革试点地区制定在试点区域封闭实施的地方性法规。为确保试点风险可控，应明确的是：第一，规定农村集体经营资产收益权的受益主体只能是农户，农村家庭土地承包经营权的主体只能是农户，农村家庭宅基地使用权的主体只能是农户；第二，禁止外来资本持有土地承包经营权和宅基地使用权，确保农业转移人口享有完整的土地权益；第三，禁止政府通过公共福利置换等方式有偿收回农业转移人口依法享有的农村"三权"，让公共福利成为农业转移人口的增量利益；第四，全家落户小城镇的农户家庭，有权保有农村"三权"。

二是赋予试点城镇确定农业转移人口集体成员资格的立法权限。就地城镇化进程中，农村集体成员身份受到追捧。经济发达地区的农民多半不愿放弃农民身份，甚至有人想方设法要变回农民。未分配到集体土地补偿费的人、保留本村户籍的外嫁女等，时常会将农村集体组织告上法庭。农村集体产权制度改革遭遇集体成员资格认定缺乏统一标准的难题。这也影响农业转移人口就地城镇化的动机，他们担心一旦城镇化就会失去集体利益。因此，应赋予试点城市特别立法权，以明确农村集体经济组织成员资格。集体成员资格的认定至今难以达成共识，主要是因为现有的法学思维总是将农村集体成员限定在自然人范畴内。试点城市运用特别立法权明确农村集体成员的主体资格的立法要点是：

（1）集体所在地的农户家庭为集体成员，农户家庭成员为集体成员受益人。

（2）集体成员资格认定规则的适用分两步，一是明确谁是该集体组织的农户，二是明确谁是该农户的家庭成员。

（3）判断一个家庭是否为该集体所在地的农户，主要依据承包地、宅基地初始分配记录。宅基地上的农房是农户家庭的住所，是农户作为集体成员的

---

① 张翼. 农业转移人口"进城落户"意愿与中国近期城市化道路的选择 [J]. 中国人口科学，2011（2）：14–26.

重要标志。

（4）判断一个自然人是否为农户家庭成员，依据血缘、姻缘关系，农户家庭成员享有集体财产利益，直至其成为另一家庭成员为止。

（5）外出上学、服兵役、服刑、打工、丧偶等各种情形，只要其未成立新的家庭，依然为集体成员，只要其在集体经济组织所在地之外成立新的家庭，则不再属于集体成员。

（6）离婚一方，在农村集体独立门户成为集体农户的，为集体成员，未能成为农村集体所在地的农户或农户家庭成员的，不是该集体成员。

（7）农业转移人口家庭进城落户后，只要不放弃集体所在地的宅基地和农房的，即在农村集体保留了家庭住所的，视为集体成员。

5.3.5　整体优化政府法治建设

就地城镇化的整体政府行为最终能否落实，关键看农业转移人口对于就地城镇化的信心，而政府树立民众信心的唯一路径是建设法治政府。世界上一些国家虽然一度实现快速发展，但并没有顺利迈向现代化"门槛"，而是落入这样或那样的"陷阱"，很大程度上与法治不彰密切相关。小智治事，中智治人，大智立法。必须坚持依法治国、依法执政、依法行政共同推进，坚持法治国家、法治政府、法治社会一体建设①。这是中央和全国人民在经济与法治、社会与法治、行政与法治的关系问题上达成的共识。

法治建设倍受地方政府的重视，但在法治的实际运行过程中，依然存在行政行为价值取向偏差、行政权力滥用、行政文件不规范、行政监督力度不足等突出问题。整体优化政府的法治建设，应着重抓住以下几个关键点。

一是树立政府官员的法治信仰。法治信仰的要义之一是宪法、法律至高无上。信仰法律首先从理解立法的精神、目的、功能和规范属性开始。翻翻法条、听听法律讲座或许可以对法律一知半解，但真正的理解是需要专业训练的。政府官员面对农业转移人口时，应当养成让专业法律人员参与执法活动的

---

①　中共中央宣传部. 习近平总书记系列重要讲话读本（2016 年版）［M］. 北京：学习出版社，人民出版社，2016.

执法习惯，让专业法律人员去解释、解答法律问题。这不仅是政府官员自身尊重法律的表现，而且能让执法对象信任法律、信任政府官员。要在工作中特别注重运用法治思维和法治方式处理改革发展稳定中所面临的问题，不能在未经法律专业人员的商谈之前，擅自作出违背法律的决定。在农业转移人口拿出法律法规要求依法办事时，既不能不尊重法律，也不能盲目解释法律，应准确地依法办事。

二是切实加强各级党委对法治政府建设的领导。各级党委领导各级政府的法治建设，首先应要求各级政府遵守中国宪法，而不是西方国家的宪法，要牢记宪法的宗旨和精神，全心全意为人民服务；其次应要求各级政府贯彻落实全国人大及其常委会颁布的法律，自觉对政府的规章制度进行合宪、合法性审查；再其次应要求各级政府在执法活动中强调公平、公开和公正，不能选择性执法、不公开执法和不公正执法；最后应要求各级政府官员严格遵守法律面前人人平等的原则，对明显处于社会、经济弱势方面的农业转移人口要有更多的照顾和帮助，以保障他们的机会平等。各级党委对法治政府建设的领导重心就是，政府行为是否实现了农业转移人口的利益最大化，是否实现了弱者的利益保护。

三是明确党政主要负责人建设法治政府的第一责任。第一责任不仅表现为以身作则、以上率下、带头尊法、学法、守法、用法，还表现为法治行为的自觉，即每一个决策、每一项决定有法律依据，每一个行政行为都能体现出法治思维。无论是抓改革，还是谋发展，无论是促稳定，还是送温暖，都应该成为法治思维和法治方式的展示。第一责任更要体现在出了问题的承担责任上。无论具体行政行为的执行者是谁，党政主要负责人都要成为行政行为的第一责任人，不能通过处分具体执法人员或借口执法人员是临时工而逃避自己的第一责任。

四是建立权力的正当行使机制。"绝对权力产生绝对腐败"，避免绝对权力重点不在于权力大小与多少，而在于这种权力的行使是否要通过预先设定的包含了民主监督和权力监督的程序，是否经得起合法性和正当性的拷问。一些人认为，权力分散就可以有效防范绝对权力，这是片面的认识。分散的权力也可能形成分散的绝对权力，分散的绝对权力不仅会产生分散的绝对腐败，还可能产生权力割据，导致各种政治势力的对垒。所以，要从合法性、正当性和权力监督的视角切实建立起对权力的事前、事中和事后约束机制。掌握权力的人不能害怕行使权力，行使权力是尽职尽责，不行使权力是不作为。推进就地城镇化的每一项行政权力，都要按时行使、同时监督、及时评估、终身追责。

5.4　本 章 小 结

就地城镇化肩负着转变发展模式、促进经济结构和城镇治理转型的使命。面对当前城镇化中存在的突出问题，应按照整体政府理论整合政府资源、以整体资源服务于就地城镇化的整体利益，整体优化政府规划行为、整体优化政府立法权限、整体优化政府法治建设，建立统一的农业转移人口公共服务信息系统，赋予就地城镇化改革试点城市特定立法权，以保障农业转移人口的合法权益，着重优化公共服务体系中的教育公共服务系统。整体政府行为旨在顺利实现农业转移人口就地城镇化的目标，是结果导向的政府行为，不是传统的功能导向的政府行为，是服务于农业转移人口的以人为本的政府行为，不是服务于权力运行的、以政绩为本的政府行为。

第6章

农业转移人口就地城镇化
决策的影响因素*

6.1 概　　述

　　农业转移人口就地城镇化模式虽然被许多专家学者和实践工作者所推崇，但并非灵丹妙药，也存在一些问题。中国新型城镇化推进中，农业转移人口迁移决策是最为重要的微观基础，必须得到尊重。石忆邵（2013）认为，就地城镇化违背了"人往高处走"的社会发展的基本规律，小城镇并不是所有农村人口（尤其是青壮年人口）的终极居留地。吴春飞等（2014）研究发现，就地城镇化地区出现了土地利用无序、房屋空置闲置等不容回避的问题。严瑞河和刘春成（2014）认为，北京本地户籍农户的城镇化并不是主动选择，而是城镇化冲击下，被迫失去土地、农业生产、农村生活。黄振华（2014）研究发现，农业转移人口在就地城镇化中总体上享有的公共服务资源极为有限，尤以劳动就业服务和公共教育服务最为不足。潘海胜（2012）认为，就地就业是新型城镇化的核心。

　　综上所述，农业转移人口是否决定参与就地城镇化是其能否加快推进的关键所在。因此，本章将通过对嘉兴市海盐县就地城镇化政策背景下的农业转移

---

　　* 注：本章部分内容曾发表于《浙江社会科学》杂志（黄文秀，杨卫忠，钱方明. 农户"就地城镇化"选择的影响因素研究［J］. 浙江社会科学，2015（1）：86－92）。

人口进行问卷调查，综合运用定性和定量分析，试图识别农业转移人口就地城镇化决策的影响因素，分析研究各因素对农业转移人口就地城镇化决策产生何种影响，并提出增强农业转移人口就地城镇化决策的措施和建议，以期为推进就地城镇化提供参考。

6.2 理论基础与研究假设

基于相关理论和研究文献，本章从户籍制度及社会保障、就业生计转型、融入城镇、土地流转补偿标准、乡土情结、民主政治权利和生态环境变化 7 个方面总结农业转移人口就地城镇化决策的影响因素，并提出相关研究假设。

6.2.1 户籍制度、小孩受教育及社会保障对农业转移人口就地城镇化决策的影响

农业转移人口就地城镇化直接表现为户籍问题。城乡二元户籍制度的限制一定程度抬高了农业转移人口就地城镇化的"门槛"。城市福利水平和公共服务与居民户籍相对应，导致了城乡福利水平有着显著差异（吕文静，2014）。朱宇等（2012）认为，农业转移人口是否选择在城镇定居，一定程度上受到户籍制度影响。蔡禾和王进（2007）认为，农业转移人口是否选择城镇户籍，不仅是一个基于经济理性的选择，而且是一个基于社会理性的选择。虽然，近年来我国开始了实施城乡统一登记居民户口制度的政策，然而城乡二元公共福利和福利制度并未改变。因此，目前很多地区的城镇化为"半城镇化"或者"伪城镇化"。

随着对发展条件要求的提高，子女教育也成为农业转移人口迁移决策的重要因素，条件好的家庭会为子女获得更好的教育而移居城市（贾淑军，2012）。马丽等（2012）研究发现，子女教育问题是影响农业转移人口城镇化的主要因素之一。成艾华和田嘉莉（2014）认为，农业转移人口城镇化问题中子女教育是他们所关心的，同时也是难以克服的。因此，农业转移人口就地城镇化决策也同样面临子女教育问题。

农业转移人口就地城镇化后的社会保障制度，很可能是一个独立于城镇社

会保障与农村社会保障体系之外的制度，正是由于农业转移人口就地城镇化的特殊身份，使得农业转移人口就地城镇化后的社会保障始终游离于城市与农村之间。王景全（2014）认为，就地城镇化如果忽视了社会保障问题，无疑会给社会稳定埋下严重隐患。农业转移人口城镇化后，是否能够与原住居民或城市居民享受同等待遇社会保障，是制约农业转移人口城镇化决策的关键因素之一（朱孔来、李俊杰，2012）。基于此，本书提出以下研究假设：

H6－1a："户籍制度没有办法解决"将对农业转移人口就地城镇化决策产生显著负向影响。

H6－1b："子女受教育问题没有办法解决"将对农业转移人口就地城镇化决策产生显著负向影响。

H6－1c："担心社会保障不到位，无法获得同等待遇"将对农业转移人口就地城镇化决策产生显著负向影响。

6.2.2 就业谋生问题对农业转移人口就地城镇化决策的影响

在城镇化和工业化容纳就业能力不足，以及社会保障体系不健全的情况下，推动农业转移人口就地城镇化可能会造成大批人口面临生计转型风险。就地城镇化模式所形成的小城镇可能不得不面临可提供或者创造的就业岗位较少，而以传统劳动密集型岗位为主，缺乏稳定性，且不足以支撑服务业的充分发育和成长等问题（石忆邵，2013）。农业转移人口的文化素养和劳动技能可能不适应非农产业发展的要求（刘文勇、杨光，2013）。尤其是，生计资本非常薄弱的纯农户阶层在面对就地城镇化所带来的生计转型风险将显得十分脆弱，生存和发展空间也将受到严重挤压。基于此，本书提出以下研究假设：

H6－2a："担心就地城镇化后面临生计转型问题"将对农业转移人口就地城镇化决策产生显著负向影响。

H6－2b："自己和家人在城镇谋生的能力太差"将对农业转移人口就地城镇化决策产生显著负向影响。

6.2.3 融入城镇问题对农业转移人口就地城镇化决策的影响

就地城镇化将使得农业转移人口脱离土地，打破家庭自给自足的边界，加速农业转移人口就地城镇化后生活货币化进程，导致货币压力开始向工作、生活、交际等各方渗透（甘小文等，2011）。因此，农业转移人口可能会担心面临短期货币支出和周期性家庭赤字，难以应对逐渐增长的消费货币化压力。

农业转移人力就地城镇化后将面对城镇生活与农村生活之间的天壤之别。首先，城镇社会关系具有匿名性与非人情性，农业转移人口将难以适应人与人之间较为冷淡与以事为本的关系（康栋，2009）。其次，城镇文化世俗化，强调以个体为中心的价值观，对社会表现疏离感，而农业转移人口一般较为热情，对社会事务较为关心，反而易受冷遇。最后，城镇生活节奏较快，对于农业转移人口是一种挑战，易造成精神压力过大等负面影响。

就地城镇化的农业转移人口即使能够顺利就业，也有可能因为自身教育水平低或者非农技能差而只能取得非正式的就业身份或者地位不稳定的"非正规就业"，往往无正规劳动合同、收入水平低下且工资经常被随意拖欠（钟顺昌，2013）。相反地，农业转移人口更有可能从一亩三分地中获得更为稳定和更高的经济收入。

农业转移人口就地城镇化本身是一个解构传统生活方式、重构城镇生活方式的过程。但是，农业转移人口的生活方式与价值观，特别是风俗和约定俗成的传统短时间内可能无法变化，往往与城镇生活格格不入（张新光，2009）。因此，在融入城镇生活的过程中，就地城镇化的农业转移人口必将经历心灵上的震撼与孤独、迷茫与痛苦。

就地城镇化的农业转移人口可能面临原住居民的偏见与歧视。由于城乡社会的长期隔离和城镇的优势地位，使得原住居民产生了一种排斥农业转移人口的心理优越感（长子中，2010）。这种心理优越感实际上已内化为一种市民性格，将就地城镇化后的农业转移人口视为"外来人"，并表现出偏见与歧视。这种群体间偏见与歧视在城乡隔离的情况下尚处于隐蔽状态，而当大量农业转移人口进入城镇之后，这种偏见与歧视就会暴露出来，成为农业转移人口不得不面对的问题。基于此，本书提出以下研究假设：

H6 – 3a："担心城镇消费货币化，自己和家人无法承担"将对农业转移人口就地城镇化决策产生显著负向影响。

H6 – 3b："担心就地城镇化后，生活环境将发生巨大变化，出现不适应"将对农业转移人口就地城镇化决策产生显著负向影响。

H6 - 3c："担心就地城镇化后，经济收入将受到巨大不利影响"将对农业转移人口就地城镇化决策产生显著负向影响。

H6 - 3d："担心原有生活方式和价值观念导致难以适应城镇生活"将对农业转移人口就地城镇化决策产生显著负向影响。

H6 - 3e："怕受到原住居民的偏见与歧视"将对农业转移人口就地城镇化决策产生显著负向影响。

6.2.4 土地流转补偿标准问题对农业转移人口决策的影响

农村土地流转补偿标准将是影响农业转移人口就地城镇化决策的一个重要因素。农业转移人口可能会担心"就地城镇化"后农村的农地承包经营权益、宅基地使用权益等受损。农村土地之于农业转移人口不仅是重要的生产要素，还是农村居民的生活保障，具有非生产性功能，仅按照农业生产性用途对土地流转户进行经济补偿，无疑构成了对农业转移人口利益的部分剥夺（钱忠好，2004）。农业转移人口在就地城镇化中也有可能因不熟悉法律政策，没有必要的合同法知识，无法预知土地增值效应，仅获得眼前实惠，而难以分享未来土地的增值收益（刘卫柏等，2012）。基于此，本书提出以下研究假设：

H6 - 4a："农地经营权流转补偿标准不合理"将对农业转移人口就地城镇化决策产生显著负向影响。

H6 - 4b："宅基地使用权流转补偿标准不合理"将对农业转移人口就地城镇化决策产生显著负向影响。

6.2.5 乡土情结对农业转移人口就地城镇化决策的影响

中国农村人口一直过着几代同堂、自耕自足的田园生活，具有浓厚的家园情结和土地情结，促使他们对家乡的一山一水、一草一木有着深厚的感情（吴业苗，2004）。为了保留这份情感，农业转移人口更可能选择留在感情成本不大的农村居住，而不愿意到竞争激烈、人情味不足的城镇生活居住。基于此，本书提出以下研究假设：

H6 - 5a："不愿意放弃农村一户一宅的居住方式"将对农业转移人口就地

城镇化决策产生显著负向影响。

H6－5b："不愿意放弃面朝黄土背朝天的劳动方式"将对农业转移人口就地城镇化决策产生显著负向影响。

6.2.6　民主政治权利问题对农业转移人口就地城镇化决策的影响

就地城镇化后农业转移人口可能难获话语权，在政治领域难以维护权益。一部分智能型和技术性农业转移人口通过努力可能上升到社会管理层，获得较多的民主政治权利，而绝大多数体力型农业转移人口仍然会是弱势群体，无力改变政治境遇（张斐男，2012）。因此，从民主政治权利方面来看，就地城镇化后农业转移人口将可能是弱势群体，缺乏权利表达渠道，对政治权利和利益没有话语权。基于此，本书提出以下研究假设：

H6－6a："选举权和被选举权在就地城镇化后得不到保障"将对农业转移人口就地城镇化决策产生显著负向影响。

H6－6b："民主决策、民主管理和民主监督权利得不到保障"将对农业转移人口就地城镇化决策产生显著负向影响。

6.2.7　生态环境变化问题对农业转移人口就地城镇化决策的影响

发展中小城镇，推进就地城镇化，必将对城乡人口分布、产业结构产生深远的影响，随之而来的却是生态环境问题。中国城镇化的实践，在客观上已经造成了较为严重的生态环境问题。农田生态被破坏、江河水质下降、垃圾包围、城镇污染和食品安全问题，已是不争的事实（丘正华，2004；赵国锋、段禄峰，2012）。基于此，本书提出以下研究假设：

H6－7a："城镇存在食品安全问题、不放心"对农业转移人口就地城镇化决策产生显著负向影响。

H6－7b："城镇空气、水质差、污染严重"对农业转移人口就地城镇化决策产生显著负向影响。

6.3 实证设计

6.3.1 数据来源

浙江省嘉兴市海盐县作为国务院农村综合改革示范点，十多年来，根据本地实际持续推进就地城镇化，探索新型城镇化新模式，并取得良好成效。本研究数据来源于 2014 年 9~10 月在嘉兴海盐县于城镇和沈荡镇的 17 个行政村，利用学校长三角城乡统筹发展研究中心平台对农业转移人口进行走访和问卷调查而获得。问卷调查对象为各行政村 18 周岁以上的农业转移人口家庭的户主。调查采用多阶段随机抽样加等距抽样的方法发放问卷 400 份，回收问卷 317 份，回收率为 79%，剔除无效问卷，共得到 244 份问卷，有效率为 77%。从样本的性别、年龄、教育程度、家庭规模、家庭结构、家庭收入、从事职业特征来看，样本具有广泛代表性，样本特征的描述性统计分析结果如表 6.1 所示。

表 6.1　　　　　　　样本特征的描述性分析结果（N = 244）

类别	内容	频率	百分比（%）	类别	内容	频率	百分比（%）
性别	男	143	58.6	家庭成员结构	家里无小孩	35	14.3
	女	101	41.4		家里有小孩	209	85.7
年龄	20 岁以下	3	1.2	家庭月平均收入	低于 500 元	7	2.9
	21~30 岁	42	17.2		500~1000 元	19	7.8
	31~40 岁	49	20.1		1001~2000 元	26	10.6
	41~50 岁	64	26.2		2001~3000 元	51	20.9
	51~60 岁	46	18.9		3001~4000 元	43	17.6
	60 岁以上	40	16.4		高于 4000 元	98	40.2
教育程度	小学初中	136	55.7	从事职业	农业	60	24.6
	高中中专	62	25.4		以农业为主兼业	56	23.0
	大专	31	12.7		非农为主兼业	57	23.4
	本科及以上	15	6.1		非农业	71	29.1

续表

类别	内容	频率	百分比（%）	类别	内容	频率	百分比（%）
家庭人口数	1 人	4	1.6	健康状况	很健康	73	29.9
	2 人	9	3.7		健康	128	52.5
	3 人	43	17.6		一般	34	13.9
	4 人	62	25.4		不好	9	3.7
	5 人	83	34.0				
	6 人及以上	43	17.6				

6.3.2　变量测量

农业转移人口就地城镇化决策的测量方法采用二分类测度法。若农业转移人口选择愿意，则农业转移人口就地城镇化决策取值为"1"；若农业转移人口选择不愿意，则农业转移人口就地城镇化决策程度取值为"2"。

农业转移人口就地城镇化决策的影响因素的测量方法采用李克特 7 点量表。1 代表"强烈不同意"，2 代表"基本不同意"，3 代表"略不同意"，4 代表"不能判断"，5 代表"略为同意"，6 代表"基本同意"，7 代表"强烈同意"。

农业转移人口就地城镇化决策的描述性统计结果为：选择"愿意"的农业转移人口为 186 人，占 76.2%；选择"不愿意"的农业转移人口为 58 人，占 23.8%。性别特征中，24.5%的男性选择"不愿意"，而女性为 22.0%，并无差异。年龄特征中，67.2%的大于 50 周岁的农业转移人口选择"不愿意"，而小于 50 周岁的农业转移人口选择"不愿意"的仅为 13.3%，说明年龄越大越不愿意就地城镇化，表现为思想保守。教育程度特征中，34.6%的小学、初中文化的农业转移人口选择"不愿意"，而高中、中专以上文化的农业转移人口选择"不愿意"仅为 11.1%，说明教育程度越高越倾向于选择就地城镇化。家庭规模特征中，23.9%的人口数在 4 人及以上的农业转移人口选择"不愿意"，而人口数在 4 人以下的农业转移人口选择"不愿意"的为 23.2%，几乎没有差异。家庭成员结构特征中，20.0%的家里无小孩的农业转移人口选择"不愿意"，而家里有小孩的农业转移人口选择此项的为 24.4%，并无显著差异。32.2%的家庭月平均收入低于 4000 元的农业转移人口选择"不愿意"，而家庭月平均收入高于4000元的农业转移人口选择此项的仅为10.2%，说明收入越高的农业转移人口越倾向于选择就地城镇化，可能的原因是具有较高的生计资本。从事职业特征中，选择"不愿意"的在农业和以农业为主兼业的农业转移人口中为40.5%，而在非农为主兼业和非农业的农业转移人口中仅为8.6%，说明非农程度越高的农业转移人口越倾向于选择就地城镇化，可能的原因是具有较强的非农技能。健康特征中，24.4的健康和很健康的农业转移人力选择"不愿意"，而这一选项在一般和不好的农业转移人口中为20.9%，并无显著差异。

总体而言，农业转移人口就地城镇化决策结果的描述性统计表明，海盐县农业转移人口的就地城镇化意愿程度较高，这为进一步推进就地城镇化政策创造了良好的民意基础。

6.3.3　实证模型

将农业转移人口就地城镇化决策，分为一个"愿意或不愿意"的二分类变量，并采用 Multinomial Logistic 回归模型进行分析，重点揭示制约农业转移人口决策的影响因素。运用 Multinomial Logistic 回归模型实证分析农业转移人口决策的影响因素的模型表达式为：

$$\ln \frac{p_{ij}}{p_{ik}} = \alpha_j + \sum_{n=1}^{N} \beta_{jn} x_{in} + \varepsilon_j \qquad (6-1)$$

式中：i 表示样本农业转移人口；j 为因变量类别；k 为因变量中的对照组；n 为影响因数；$j, k = 1, 2, \cdots, J (j \neq k)$；$n = 1, 2, \cdots, N$；$x_n$ 为农业转移人口决策的影响因素；$P_{ij}(P_{ik})$ 为第 i 个农业转移人口对第 j 种（k 种，即对照组）因变量方式采取行动的概率；β_{jn} 表示影响因素的回归系数，α_j 为截距项，ε_j 为误差项。

6.3.4　研究结果

运用 SPSS 19.0 统计分析软件，以农业转移人口就地城镇化决策的"愿意"为对照组来识别制约农业转移人口就地城镇化决策的影响因素，对样本数据进行 Multinomial Logistic 回归分析。参数估计结果如表 6.2 所示,拟合结果良好,具有较强的解释力,达到了 1% 的显著性水平,表明回归分析结果可靠。

表 6.2 模型参数估计结果

变 量	模型(不愿意[a])				
	系数(B)	标准误	Wald	显著性	EXP(B)
截距	−14.774***	2.535	33.970	0.000	
X1. 户籍制度没有办法解决	−0.045	0.157	0.082	0.775	0.956
X2. 子女受教育问题没有办法解决	−0.132*	0.168	0.623	0.430	0.876
X3. 担心社会保障不到位,无法获得同等待遇	0.147*	0.164	0.795	0.373	1.158
X4. 担心就地城镇化后面临生计转型问题	0.402*	0.207	3.749	0.053	1.494
X5. 自己和家人在城镇谋生问题	0.154*	0.208	0.548	0.459	1.166
X6. 担心城镇消费货币化,自己和家人无法承担	0.237*	0.248	0.911	0.340	1.267
X7. 生活环境将发生巨大变化,出现不适应	0.233*	0.249	0.877	0.349	1.262
X8. 经济收入将受到巨大不利影响	0.066	0.188	0.123	0.726	1.068
X9. 原有生活方式和价值观念导致难以适应城镇生活	0.474***	0.175	7.336	0.007	1.607
X10. 怕受到原住居民的偏见与歧视	−0.003	0.206	0.000	0.988	0.997
X11. 农地经营权流转补偿标准不合理	0.097	0.238	0.167	0.683	1.102
X12. 宅基地使用权流转补偿标准不合理	0.674**	0.311	4.707	0.030	1.962
X13. 不愿意放弃农村一户一宅的居住方式	0.227*	0.195	1.352	0.245	1.255
X14. 不愿意放弃面朝黄土背朝天的劳动方式	0.090	0.145	0.390	0.532	1.095

变　　量	模型（不愿意[a]）				
	系数（B）	标准误	Wald	显著性	EXP（B）
X15. 选举权和被选举权在就地城镇化后得不到保障	−0.036	0.180	0.041	0.840	0.964
X16. 民主决策、民主管理和民主监督权利得不到保障	0.066	0.160	0.173	0.677	1.069
X17. 城镇存在食品安全问题，不放心	0.192 *	0.190	1.020	0.313	1.211
X18. 城镇空气、水质差，污染严重	0.109 *	0.147	0.555	0.456	1.116
−2 Log likelihood	134.026				
Model Chi-Square (χ^2)	133.603				
Cox & Snell R^2	0.422				
Nagelkerke R^2	0.633				
McFadden	0.499				
Sig.	0.000				

注：①a "不愿意" 的对照组为 "愿意"。②*、** 和 *** 分别表示在 10%、5% 和 1% 水平上显著。③Sig. 为回归模型的显著性概率。

（1）从 "户籍制度没有办法解决" 来看，变量系数为 −0.045，在 10% 的显著性水平上并不显著。这表明，改变户籍性质永久性迁移并不是所有农业转移人口的选择，农业转移人口对城镇居民身份的偏爱并不强烈。随着渐进式户籍制度改革的逐步推进，农业转移人口进入小城镇定居的 "门槛" 已基本消除，只要愿意转户，成为城镇居民是比较容易的事。因此，户籍制度已经不是农业转移人口就地城镇化决策的障碍。从 "子女受教育问题没有办法解决" 来看，变量系数为 −0.132，在 10% 的显著水平上显著，表明农业转移人口并不认为在就地镇化后子女的教育问题会没有保障，反而认为就地城镇化后能够更好。从 "担心社会保障不到位，无法获得同等待遇" 来看，变量系数为 0.147，在 10% 的显著性水平上显著，相对对照组，对不愿意 "就地城镇化" 产生显著正向影响，是愿意 "就地城镇化" 发生比率的 1.158 倍。这表明，农业转移人口比较重视就地城镇化的社会保障问题。因此，H6 − 1a 和 H6 − 1b 没有得到支持，H6 − 1c 得到支持。

（2）从"担心就地城镇化后面临生计转型问题"来看，变量系数为 0.402，在 10% 的显著水平上显著，相对对照组，对不愿意"就地城镇化"产生显著正向影响，是愿意"就地城镇化"发生比率的 1.494 倍。这表明，农业转移人口担忧从农业转向非农业就业将有困难，尽管部分农业转移人口有非农劳动技能，但要完全脱离农业劳动还是比较担心。从"自己和家人在城镇谋生问题"来看，变量系数为 0.154，在 10% 的显著水平上显著，相对对照组，对不愿意"就地城镇化"产生显著正向影响，是愿意"就地城镇化"发生比率的 1.166 倍。这表明，农业转移人口会担忧自己和家人在就地城镇化后的就业问题，毕竟在小城镇能够谋得好的工作岗位并不容易，且自身非农劳动技能可能有限。因此，H6 – 2a 和 H6 – 2b 得到支持。

（3）从"担心城镇消费货币化，自己和家人无法承担"来看，变量系数为 0.237，在 10% 的显著性水平上显著，相对对照组，对不愿意"就地城镇化"产生显著正向影响，是愿意"就地城镇化"发生比率 1.267 倍。这表明，农业转移人口非常担忧日常生活货币化问题，毕竟以前生活可以自给自足。从"生活环境将发生巨大变化，出现不适应"来看，变量系数为 0.233，在 10% 的显著性水平上显著，相对对照组，对不愿意"就地城镇化"产生显著正向影响，是愿意"就地城镇化"发生比率的 1.262 倍。这表明，农业转移人口担心难以适应城镇生活中人与人之间比较冷淡的关系。从"经济收入将受到巨大不利影响"来看，变量系数为 0.066，在 10% 的显著性水平上并不显著，相对对照组，对不愿意"就地城镇化"没有产生显著影响。这表明，农业转移人口并不担忧就地就业后的经济收入问题，可能认为非农就业的收入应该比务农来得高，尤其在经济普遍比较发达的地区。从"原有生活方式和价值观念导致难以适应城镇生活"来看，变量系数为 0.474，在 1% 的显著性水平上显著，相对对照组，对不愿意"就地城镇化"产生显著正向影响，是愿意"就地城镇化"发生比率的 1.607 倍。这表明，农业转移人口对于改变生活方式和价值观而去融入城镇生活比较迷茫和痛苦。从"怕受到原住居民的偏见与歧视"来看，变量系数为 – 0.003，对不愿意"就地城镇化"的影响并不显著。这表明，农业转移人口并不担心受到歧视，可能的原因是农业转移人口觉得城镇居民并不比农民有优越感，毕竟在经济相对发达地区农民的生活条件也是相当好的。因此，H6 – 3a、H6 – 3b 和 H6 – 3d 得到支持，H6 – 3c 和 H6 –

3e 未得到支持。

（4）从"农地经营权流转补偿标准不合理"来看，变量系数为 0.097，对不愿意"就地城镇化"没有产生显著影响。这表明，农业转移人口不认为农地经营权流转补偿标准是偏低的，可能的原因是农业转移人口认为农地经营权流转补偿标准确实比较合理，可以获得良好的补偿。从"宅基地使用权流转补偿标准不合理"来看，变量系数为 0.674，在 5% 的显著性水平上显著，相对对照组，对不愿意"就地城镇化"产生显著正向影响，是愿意"就地城镇化"发生比率的 1.962 倍。这表明，农业转移人口普遍担心宅基地使用权流转补偿标准不合理问题，毕竟农民的住房条件差异很大，如果按照一个标准进行补偿，必将损失大多数农民的利益。因此，H6 - 4a 未得到支持，而 H6 - 4b 得到支持。

（5）从"不愿意放弃农村一户一宅的居住方式"来看，变量系数为 0.227，在 10% 的显著性水平上显著，相对对照组，对不愿意"就地城镇化"产生显著正向影响，是愿意"就地城镇化"发生比率的 1.225 倍。这表明，农业转移人口具有浓厚的家园情结，还有可能对城镇公寓式住房不愿意。从"不愿意放弃面朝黄土背朝天的劳动方式"来看，变量系数为 0.090，对不愿意"就地城镇化"没有产生显著影响。可能的原因是农业转移人口尽管对自耕自足的田园生活有所留恋，但认为这种相对落后、劳动强度大的农业劳动并不可取。因此，H6 - 5a 得到支持，H6 - 5b 未得到支持。

（6）从"选举权和被选举权在就地城镇化后得不到保障"来看，变量系数为 - 0.036，对不愿意"就地城镇化"没有产生显著影响。从"民主决策、民主管理和民主监督权利得不到保障"来看，变量系数为 0.066，对不愿意"就地城镇化"也没有产生显著影响。这表明，农业转移人口可能对民主政治生活缺少公民意识，还有可能缺乏政治参与的能力和自信。因此，H6 - 6a 和 H6 - 6b 均未得到支持。

（7）从"城镇存在食品安全问题，不放心"来看，变量系数为 0.192，在 10% 的显著性水平上显著，相对对照组，对不愿意"就地城镇化"产生显著正向影响，是愿意"就地城镇化"发生比率的 1.211 倍。从"城镇空气、水质差，污染严重"来看，变量系数为 0.109，在 10% 的显著性水平上显著，相对对照组，对不愿意"就地城镇化"产生显著正向影响，是愿意"就地城镇化"发生比率的 1.116 倍。这都表明，农业转移人口比较担心城镇化后可能带来生态环境破坏、工业污染严重和食品安全等问题。因此，H6 - 7a 和 H6 - 7b 均得到支持。

6.4　结论与政策建议

6.4.1　结论

为了科学推进就地城镇化，需要识别农业转移人口就地城镇化决策的影响因素，不断消除阻碍，以激发农业转移人口参与意愿。本章对浙江省嘉兴市海盐县就地城镇化进程中农业转移人口决策的影响因素进行了实证分析，得出如下研究结论：

（1）农业转移人口对海盐"就地城镇化"模式给予肯定。数据显示，现有户籍制度不是农业转移人口就地城镇化决策的障碍，农业转移人口在农地经营权流转补偿标准、进城后子女教育、能得到原住居民的尊重等方面表示满意。农业转移人口并不担忧就地城镇化后的经济收入问题，但愿意选择就业、生活环境变动并不剧烈的城镇化模式。总体上，就地城镇化能较好地满足农业转移人口的需求。

（2）农业转移人口对是否享有原住居民同等待遇比较关注。社会保障制度改革是就地城镇化的关键环节，直接影响农业转移人口是否进城的选择意愿。调查中发现，农业转移人口比较担心进城后的社会保障问题，担心进城后无法享受与原住居民同等待遇。

（3）农业转移人口对就业生计转型和宅基地使用权流转补偿标准等表示担忧。农业转移人口对生计转型和谋生能力表现出不自信，但对就地就业后的经济收入预期却表现出乐观态度。农业转移人口对宅基地使用权流转补偿标准采取否定态度，并不认为能够获得合理的补偿。

（4）农业转移人口对融入城镇生活等感到不安。农业转移人口对城镇生活货币化表现出压力，并对就地城镇化后的生态环境问题表现出强烈的关注，担心食品安全、空气质量等问题。农业转移人口原有的生活习惯和价值观可能一时难以适应城镇生活，对融入城镇生活比较迷茫和不安。农业转移人口表现出对一户一宅的居住方式比较留恋，不适应城镇公寓式住房。农业转移人口对就地城镇化后的民主政治权利问题似乎表现出冷淡的态度，也有可能缺乏政治参与能力与自信。

6.4.2 政策建议

基于以上研究结论，本章可以得出如下政策建议：

（1）继续深化社会保障制度改革，保障农业转移人口权益。在推进就地城镇化时，应继续深化社会保障制度改革，确保农业转移人口就地城镇化在养老保险、医疗等公共服务方面的权益，激发农业转移人口选择就地城镇化的意愿，引导农业转移人口有序集聚。

（2）增强就业培训的针对性，提升农业转移人均就业能力。完善农业转移人口就业促进机构，建立进城农业转移人口就业援助机制，建立就业服务平台，提供完善的就业信息服务和指导；加强对农业转移人口的就业培训，与各类协会联合举办有针对性的培训班；大力发展服务业，为农业转移人口提供更多的就业岗位。

（3）建立全方位帮扶体系，降低农业转移人口的转型代价。农业转移人口向城镇居民转型，涉及诸多方面的转型，这对中老年农业转移人口来说是较大的挑战。这就需要我们在推进就地城镇化时建立全方位帮扶体系，帮助农业转移人口解决转型期的生活困难，必要时要加强心理辅导，帮助他们平稳度过转型期。

（4）培养农业转移人口的公民意识，增强他们政治参与能力。采用灵活多样的方式加强对农业转移人口公民意识教育，提高他们公民意识和公共精神。以社区为载体，吸引农业转移人口积极参与社区管理，在参与中不断培养主体权利意识，不断增强政治参与能力。

本章的研究结果为探究就地城镇化模式、提高农业转移人口就地城镇化效率、推进就地城镇化提供了有益参考。

6.5　本　章　小　结

本章试图探究农业转移人口就地城镇化决策的影响因素，提出增强农业转移人口就地城镇化意愿的措施和建议，为推进就地城镇化提供参考。基于就地城镇化等理论，本章总结了农业转移人口就地城镇化决策的制约因素，提出了研究假设，并利用 Multinomial Logistic 模型对海盐县 244 个农业转移人口样本进行实证分析。研究发现，制约农业转移人口就地城镇化决策的因素包括：社会保障、生计转型、城镇谋生能力、生活货币化、生活环境变化、原有生活方式和习惯、宅基地使用权流转补偿标准、一户一宅居住、食品安全和环境污染等问题；子女受教育有利于农业转移人口就地城镇化，而户籍制度、预期经济收入、原住居民偏见与歧视、田园劳作情怀、民主政治生活权利等问题并不对农业转移人口就地城镇化决策产生显著影响。本章研究结果为探究就地城镇化模式，提高就地城镇化效率提供了借鉴。

附录：农业转移人口就地城镇化决策的影响因素调查问卷

尊敬的朋友，您好！

这是一份学术性问卷，以农业转移人口就地城镇化决策为研究主题，旨在探究就地城镇化过程中影响农业转移人口迁移决策的关键因素。问卷的调查对象是指在就地城镇化背景下同时拥有宅基地和农地的农户户主。本课题组郑重承诺，本次调研所获得的全部资料只用于学术研究，请您放心填写。本问卷大概占用您 30 分钟时间，您的 30 分钟对于我们进行就地城镇化制度创新的研究具有重要意义！

衷心感谢您的无私协助，并祝您愉快、万事胜意！

国家社会科学重点项目就地城镇化课题组

填写说明：

1. 可在区域_____ 中填写文字；可在方框□中打"√"表示选中相应选项。

2. 由于数据分析和科学研究的需要，请就您所知，尽量给予最完整和真实的回答。

注意：【1】就地城镇化是指农村转移人口除了进入城市"市民化"以外，还可以不向大中城市迁移，农民可以依托中心村和小城镇，因地制宜，形成适合当地发展的特色产业，发展生产和增加收入，改变生活方式，过上和城市人一样的生活。

第一部分：个人基本情况

1. 您的姓名：_____ 联系电话：_____

家庭住址：_____

2. 您是：□ 本地农民 □ 外地农民（农民工）

3. 您的性别：

□ 男 □ 女

4. 您的年龄：

□ 20 岁以下 □ 21～30 岁 □ 31～40 岁 □ 41～50 岁

□ 51～60 岁 □ 60 岁以上

实际年龄_____

5. 您的教育程度：

□ 小学初中 □ 高中中专 □ 大专 □ 本科

□ 其他_____实际受教育年限_____

6. 您的家庭人口数：

□ 1 人 □ 2 人 □ 3 人 □ 4 人 □ 5 人 □ 5 人以上

7. 您的家庭成员结构：

□ 家里无小孩 □ 家里有小孩

8. 您（户主）和家人主要从事职业：

□ 农业 □ 兼业 □ 非农业

（农业是指种植业□、林业□、渔业□和畜牧业□，具体为：_____）

9. 您的家庭人均可支配收入（去年）：

□ 低于 5000 元　□ 5000 ~ 10000 元　□ 10001 ~ 20000 元

□ 20001 ~ 30000 元　□ 30001 ~ 40000 元　□ 高于 40000 元

实际收入＿＿＿＿＿＿＿＿

10. 您的健康状况：

□ 良好　□ 一般　□ 不好

第二部分：农业转移人口就地城镇化决策

1. 您的就地城镇化迁移决策是：

□ 愿意　　□ 不愿意

2. 您对以下内容的判断是：

题　项	强烈不同意	基本不同意	略不同意	不能判断	略为同意	基本同意	强烈同意
	1	2	3	4	5	6	7
我和我的家人非常愿意参加就地城镇化政策	□	□	□	□	□	□	□

第三部分：农业转移人口就地城镇化决策的影响因素

编号	题　项	强烈不同意	基本不同意	略不同意	不能判断	略为同意	基本同意	强烈同意
		1	2	3	4	5	6	7
X1	户籍制度没有办法解决	□	□	□	□	□	□	□
X2	子女受教育问题没有办法解决	□	□	□	□	□	□	□
X3	担心社会保障不到位，无法获得同等待遇	□	□	□	□	□	□	□
X4	担心就地城镇化后面临生计转型问题	□	□	□	□	□	□	□
X5	自己和家人在城镇谋生问题	□	□	□	□	□	□	□
X6	担心城镇消费货币化，自己和家人无法承担	□	□	□	□	□	□	□
X7	生活环境将发生巨大变化，出现不适应	□	□	□	□	□	□	□
X8	经济收入将受到巨大不利影响	□	□	□	□	□	□	□

续表

编号	题项	强烈不同意	基本不同意	略不同意	不能判断	略为同意	基本同意	强烈同意
		1	2	3	4	5	6	7
X9	原有生活方式和价值观念导致难以适应城镇生活	☐	☐	☐	☐	☐	☐	☐
X10	怕受到原住居民的偏见与歧视	☐	☐	☐	☐	☐	☐	☐
X11	农地经营权流转补偿标准不合理	☐	☐	☐	☐	☐	☐	☐
X12	宅基地使用权流转补偿标准不合理	☐	☐	☐	☐	☐	☐	☐
X13	不愿意放弃农村一户一宅的居住方式	☐	☐	☐	☐	☐	☐	☐
X14	不愿意放弃面朝黄土背朝天的劳动方式	☐	☐	☐	☐	☐	☐	☐
X15	选举权和被选举权在就地城镇化后得不到保障	☐	☐	☐	☐	☐	☐	☐
X16	民主决策、民主管理和民主监督权利得不到保障	☐	☐	☐	☐	☐	☐	☐
X17	城镇存在食品安全问题，不放心	☐	☐	☐	☐	☐	☐	☐
X18	城镇空气、水质差、污染严重	☐	☐	☐	☐	☐	☐	☐

问卷至此结束，再次衷心感谢！

第 7 章

农业转移人口就地城镇化
满意度影响因素研究[*]

　　近年来，中共中央、国务院十分重视城市化问题，着力推进新型城镇化建设。2013 年中央城镇化工作会议提出"根据资源环境承载能力构建科学合理的城镇化宏观布局，把城市群作为主体形态，促进大中小城市和小城镇合理分工、功能互补、协同发展"①。李克强总理在 2014 年政府工作报告中明确提出了要推进以人为核心的新型城镇化，着重解决"三个 1 亿人"问题，即促进约 1 亿农业转移人口落户城镇，改造约 1 亿人居住的城镇棚户区和城中村，引导约 1 亿人在中西部地区就近城镇化②。2016 年中央一号文件再次聚焦新型城镇化问题，提出"大力发展特色县域经济和农村服务业，加快培育中小城市和特色小城镇，增强吸纳农业转移人口能力"③。这意味着，就地城镇化已经成为我国新型城镇化建设的重要战略。

　　在学术界，就地城镇化已成为学者们关注和研究的热点。不少学者肯定就地城镇化的意义、作用（潘海生等，2010；张国玉，2014；赖扬恩，2013），但也有些学者指出了就地城镇化的问题（石忆邵，2013；吴春飞，2014；杨萍，

---

　　* 本章内容曾发表于《浙江社会科学》杂志。黄文秀，杨卫忠，钱方明，缪仁余. 农业转移人口就地城镇化满意度影响因素研究：来自浙江省海盐县的调查［J］. 浙江社会科学，2017（8）：93－99.

　　① 2013 年中央城镇化工作会议. http：//www. 12371. cn/special/2013czhgzhy/.

　　② 资料来自 2014 年 3 月 5 日李克强在第十二届全国人民代表大会第二次会议上作的政府工作报告.

　　③ 资料来自新华社北京 2016 年 1 月 27 日电《中共中央国务院关于落实发展新理念加快农业现代化 实现全面小康目标的若干意见（2015 年 12 月 31 日）》.

2014）。为了得出更有说服力的研究结论，有些学者运用实证分析方法研究就地城镇化的影响因素、存在问题等。祁新华等（2012）建立了"乡村拉力—城市拉力"模型，选择 3 个就地城镇化发达地区进行问卷调查，探讨乡村劳动力迁移行为和迁移意愿。胡银根（2014）通过对湖北省 4 个典型农村的调研，总结就地城镇化的经验，分析了其存在的主要问题。吴春飞等（2014）对福建晋江市、石狮市 8 个典型城中村进行问卷调查，分析了该地区就地城镇化背景下的城中村社会空间特点、存在问题。为了考察就地城镇化的实际效果，有些学者通过对农业转移人口的满意度调查，分析其对就地城镇化的评价及影响因素。陈占锋（2013）采用结构方程研究影响失地农民生活满意度的主要因素。吴琴（2015）以重庆的农村居民为调查对象，对农户就地城镇化意愿影响因素进行实证分析。胡小芳等（2014）对湖北省彭墩村进行了农村宅基地置换满意度调查。刘新智等（2015）利用有序 Probit 模型，基于实地调研数据，对新型城镇化进程中农民工对其所在城镇满意度评价进行分析。俞贺楠和蔡泽昊（2015）在全国范围内进行问卷调查，分析农业转移人口养老保险参保的现状、需求及满意度。崔光胜（2014）从幸福感和生活满意度的主观角度对失地农民生活状况进行了量化研究。张贝贝（2015）通过对河南省各地市 52 例城镇化建设样本进行调查，对影响人们城镇化满意度的因素进行相关性因子分析。

综上所述，目前学者们对就地城镇化的意义、模式、动力机制等问题的研究相对较多，也开展了对城镇化的满意度调查分析，但有关农业转移人口对就地城镇化满意度的深入研究则较少。而农业转移人口对就地城镇化满意度直接影响就地城镇化的发展前景，决定了其成功与否。因此，本章将通过实地数据调查探析农业转移人口就地城镇化满意度影响因素，并据此提出相关对策与建议。

7.1　理论基础与研究假说

7.1.1　户籍制度、小孩受教育及社会保障对农业转移人口就地城镇化满意度的影响

农民工融入城镇的核心问题便是户籍制度问题（刘新智等，2015）。如果

农业转移人口在劳动就业、工资福利、小孩就学、社会保障方面无法享受与城镇人口同等的待遇，实质上就是一种"半城镇化"的状态（唐丽萍、梁丽，2015）。因此，户籍制度问题是否能够妥善解决将影响农业转移人口对就地城镇化的满意程度。小孩教育问题一直以来都是农业转移人口迫切关心的问题（黄振华，2014），影响其对就地城镇化满意度的判断。社会保障将直接影响农业转移人口的未来生活，他们十分关注就地城镇化后社会保障解决的程度。因此，社会保障是影响农业转移人口对就地城镇化满意度的重要指标。基于此，本书提出研究假说：

H7 – 1a：户籍制度对农业转移人口就地城镇化满意度产生显著影响。

H7 – 1b：小孩受教育问题对农业转移人口就地城镇化满意度产生显著影响。

H7 – 1c：社会保障问题对农业转移人口就地城镇化满意度产生显著影响。

7.1.2　进入城镇就业谋生、经济收支问题对农业转移人口就地城镇化满意度的影响

农业转移人口进入城镇后面临的首要挑战是就业谋生的压力，一些年轻人即使有工作也可能对岗位并不满意，而老年人则因缺乏相应的技能难于找到工作。农业转移人口如果没有获得稳定收入的岗位，就会缺乏对未来生活的安全感。城镇化进程中农民工的主要诉求是稳步增加非农就业机会和提高非农就业收入（奚建武，2014）。农民就业、收入和消费等的提高会提升农民对生活的满意度（胡恒钊、文丽娟，2015）。因此，自己和家人的城镇就业情况是农业转移人口最关心的问题。在进入城镇前，农民基本可从土地上获得基本的必需品，但一旦失去土地，农业转移人口就必须用货币购买这些生活必需品。就地城镇化加速了消费货币化进程，导致货币压力开始向其工作和生活多方展开，各项生活消费支出都得到不同程度的提高（甘小文等，2011）。因此，消费货币化将影响农业转移人口就地城镇化满意程度。基于此，本书提出研究假说：

H7 – 2a：自己和家人的城镇就业情况对农业转移人口就地城镇化满意度产生显著影响。

H7 – 2b：消费货币化对农业转移人口就地城镇化满意度产生显著影响。

7.1.3 乡土情结对农业转移人口就地城镇化满意度的影响

就地城镇化将改变农业转移人口的生产生活方式。这种改变需要一个过程，时刻影响着他们的情绪和对城镇化的评价。中国农民具有浓厚的家园和土地情结，并随着年龄的增长，其乡土情结会越来越浓烈，故土难离的情绪益发高涨（贾淑军，2012）。同时，有些农民还习惯于传统的耕作方式，留恋日出而作、日入而息的生活方式，可能对快节奏的城镇生活难以适应，传统小庭院式的农村生活与职业工人的角色短期内难以转变和适应（胡银根等，2014）。因此，农业转移人口就地城镇化后会留恋乡土。基于此，本书提出研究假说：

H7-3a：留恋农村生活与居住方式对农业转移人口就地城镇化满意度产生显著影响。

H7-3b：留恋田园劳作模式对农业转移人口就地城镇化满意度产生显著影响。

7.1.4 城镇生活环境对农业转移人口就地城镇化满意度的影响

生活环境是影响农业转移人口就地城镇化满意度的重要指标（陈占锋，2013）。农业转移人口进入城镇社区生活后，生活环境将发生变化，这将影响其幸福感。农业转移人口进入城镇后，社会参与、交往和心理认同等都存在不小的障碍（李强等，2016）。长期的城乡隔离和城市户籍的优势滋生了城市居民对农业转移人口的群体性偏见和歧视（胡杰成，2007）。农业转移人口迁入城镇或农村社区后，放弃了自给自足的生产生活模式，对农产品的安全也有深深的担忧。中国的污染大部分集中在城市，并随着城市人口的增长，将使得越来越多的人受到影响（国务院发展研究中心和世界银行联合课题组，2014）。基于此，本书提出研究假说：

H7-4a：生活环境变化对农业转移人口就地城镇化满意度产生显著影响。

H7-4b：原住居民的偏见与歧视对农业转移人口就地城镇化满意度产生显著影响。

H7-4c：食品安全对农业转移人口就地城镇化满意度产生显著影响。

H7-4d：环境污染对农业转移人口就地城镇化满意度产生显著影响。

7.1.5　土地流转补偿对农业转移人口就地城镇化满意度的影响①

土地流转是农业转移人口都要面对的问题，城镇化过程中农民土地权益保护工作亟待加强（李奋生，2012）。程昊旸和叶继红（2011）的研究表明，土地补偿额度影响失地农民对生活的满意度。

随着户籍制度的不断调整，农村户口所附带的优惠条件在不断变化，越来越多的农民不愿放弃土地（唐丽萍、梁丽，2015）。失地农民所获得的补偿过低、补偿不到位与土地征收后带来的巨大利益形成鲜明的反差，激发了农民尝试使用多种方式表达自己的不满与诉求（丁明秀，2014）。基于此，本书提出研究假说：

H7 – 5a：土地经营权流转补偿对农业转移人口就地城镇化满意度产生显著影响。

H7 – 5b：宅基地使用权流转补偿对农业转移人口就地城镇化满意度产生显著影响。

7.1.6　民主政治权利对农业转移人口就地城镇化满意度的影响

农民居住的分散性使其政治参与度普遍不高，而当农业转移人口集聚到城镇后，政府及其官员的一举一动变得更容易观察和监督（萨茹拉，2013）。农业转移人口普遍缺乏民主参与意识，大部分人无法真正维护自己的选举与被选举的权利（李强，2014）。相对来说，年青一代的农业转移人口的权利意识和政治参与意愿会越来越强地凸显出来（周庆智，2015）。城镇化激发了农民的利益表达意识。因此，农业转移人口对参与民主政治上尽管有所需求，但在城镇化后却面临缺乏政治权利表达渠道、对民主政治权利没有话语权的困境（刘玉侠、方森君，2014）。农业转移人口关心农村宅基地置换过程中集体资

---

① 农村土地流转包含土地经营权流转和宅基地使用权流转两个方面。其中，土地经营权流转，是指拥有土地经营权的农业转移人口将土地经营权和承包权分离，转让经营权给他人或经济组织的行为。宅基地使用权流转是指依法拥有农村宅基地使用权的农业转移人口，将宅基地使用权和所有权分离，转让使用权给他人或经济组织的行为。

金、政府资金的使用情况（胡小芳等，2014）。基于此，本书提出研究假说：

H7 - 6a：选举权和被选举权对农业转移人口就地城镇化满意度产生显著影响。

H7 - 6b：民主决策、民主管理和民主监督权对农业转移人口就地城镇化满意度产生显著影响。

7.2 研 究 设 计

7.2.1 数据收集

海盐县位于浙江省北部富庶的杭嘉湖平原，陆地总面积 534.73 平方公里，现有人口 37.9 万，下辖武原、秦山、元通、西塘桥 4 个街道，沈荡、百步、于城、澉浦、通元 5 个镇，49 个城市社区，85 个行政村。海盐县积极探索就地城镇化模式，取得了令人瞩目的成绩。本章利用嘉兴学院长三角城乡统筹发展研究中心平台对海盐县就地城镇化的农业转移人口进行走访和问卷调查来获得数据。选取海盐县武原镇、秦山镇、百步镇目标地区，共发出 260 份问卷，回收有效问卷 242 份，有效率为 93.08%。调查统计结果如表 7.1 所示。

表7.1　　　　　　　　变量定义、说明及描述性统计

类别	变量名称	变量定义与说明	比例（%）	均值	标准差
控制变量	性别	男性 = 1	62.4	1.38	0.49
		女性 = 2	37.6		
	年龄	20 岁以下 = 1	0.8	4.81	1.28
		21 ~ 30 岁 = 2	8.3		
		31 ~ 40 岁 = 3	5.4		
		41 ~ 50 岁 = 4	19.0		
		51 ~ 60 岁 = 5	27.7		
		60 岁以上 = 6	38.8		
	健康状况	不好 = 1	11.2	2.68	0.66
		一般 = 2	9.5		
		良好 = 3	79.3		

续表

类别	变量名称	变量定义与说明	比例（%）	均值	标准差
控制变量	家庭规模	家庭人口数（人）	—	4.06	1.16
	受教育程度	无 =0	8.3	1.23	0.83
		小学初中 =1	73.1		
		高中中专 =2	11.2		
		大专 =3	2.5		
		本科及以上 =4	5		
	家庭人均可支配年收入	低于 0.5 万元 =1	10.3	3.55	1.46
		0.5 万 ~1 万元 =2	12.4		
		1 万 ~2 万元 =3	28.9		
		2 万 ~3 万元 =4	19.8		
		3 万 ~4 万元 =5	17.4		
		4 万元以上 =6	11.2		
解释变量	户籍制度	没有办法解决 =1	10.3	1.90	0.30
		可以解决 =2	89.7		
	小孩受教育	解决得不好 =1	4.5	1.95	0.21
		解决得好 =2	95.5		
	社会保障	解决得不好 =1	19.4	1.81	0.40
		解决得好 =2	80.6		
	农村生活与居住方式	不留恋 =1	63.6	1.36	0.48
		留恋 =2	36.4		
	田园劳作方式	不留恋 =1	67.4	1.33	0.47
		留恋 =2	32.6		
	自己和家人城镇就业情况	差 =1	3.7	2.34	0.55
		一般 =2	58.3		
		良好 =3	38		
	消费货币化	不严重 =1	34.3	1.66	0.48
		严重 =2	65.7		
	生活环境变化	不容易适应 =1	7.9	1.92	0.27
		容易适应 =2	92.1		

类别	变量名称	变量定义与说明	比例（%）	均值	标准差
解释变量	原住居民的偏见与歧视	没有＝1	94.2	1.06	0.23
		有＝2	5.8		
	土地经营权流转补偿	不合理＝1	34.7	1.65	0.48
		合理＝2	65.3		
	宅基地使用权流转补偿	不合理＝1	33.1	1.67	0.47
		合理＝2	66.9		
	选举权和被选举权	得不到保障＝1	29.3	1.71	0.46
		得到保障＝2	70.7		
	民主决策、管理和监督权	得不到保障＝1	28.5	1.71	0.45
		得到保障＝2	71.5		
	食品安全	不放心＝1	24.8	1.75	0.43
		放心＝2	75.2		
	环境污染	不严重＝1	67.4	1.33	0.47
		严重＝2	32.6		
被解释变量	满意度	不满意＝1	7.9	0.92	0.27
		满意＝2	92.1		

注：就地城镇化模式虽然是农业转移人口的就地守地发展，但也强调农业转移人口的适当集聚，向工业较发达、人口密度较高的县域城市和中心城镇进行迁移。因此，原住居民的偏见与歧视、食品安全和环境污染等问题也将可能困扰农业转移人口。

7.2.2 变量测量

（1）控制变量的测量。性别设定为二分类变量。年龄、受教育程度、家庭规模和家庭人均可支配年收入由实际数据测量。健康状况设定为多级分类变量，以"不好"为参照组，对应于"一般"和"良好"。

（2）解释变量的测量。户籍制度采用"能否解决城镇户籍"进行测量，可以解决的样本所占比重为89.7%，没有办法解决的仅10.3%，这说明被调查样本中绝大部分农业转移人口可以解决城镇户籍问题。小孩受教育采用

"能否很好地得到解决"进行测量①，解决得好的样本所占比重为 95.5%，仅 4.5% 认为解决得不好，这说明海盐县大力推进教育资源均等化较好地解决了教育公平问题。社会保障采用"能否很好得到解决"进行测量②，解决得好的样本所占比重达到 80.6%，只有 19.4% 认为解决得不好，这说明被调查者对海盐现有社会保障水平比较满意。农村生活与居住方式和田园劳作方式均采用"是否留恋"进行测量，不留恋农村生活与居住方式和田园劳作方式的样本所占比重分别为 63.6% 和 67.4%，这表明大部分被调查者不留恋传统的农业劳动方式和农村生活。自己和家人城镇就业情况采用"就业情况如何"进行测量。自己和家人城镇就业情况为多级分类变量，"差""一般"和"良好"分别占 3.7%、58.3% 和 38%，表明被调查者对就业的评价有较大的差异，他们对就业有较高的期待。消费货币化采用"严不严重"进行测量，"严重"的样本所占比重为 65.7%，这表明大部分被调查者认为城镇化后的消费货币化严重程度较高。生活环境变化采用"适应情况如何"进行测量，"容易"的样本所占比重为 92.1%，说明被调查者适应就地城镇化后生活环境的变化。土地经营权流转补偿和宅基地使用权流转补偿均采用"是否合理"进行测量，这两个样本"合理"的所占比重分别为 65.3% 和 66.9%，表明大部分被调查者认为流转补偿是合理的。"选举权和被选举权"以及"民主决策、管理和监督权"均采用"是否得到保障"进行测量，这两个样本"得到保障"的所占比重分别为 70.7% 和 71.5%，这表明大部分被调查者认为民主政治权利得到了保障。食品安全采用"是否放心"进行测量，"放心"的占 75.2%，显示大部分被调查者对食品安全是放心的。环境污染采用"是否严重"进行测量，"不严重"的占 67.4%，表明大部分被调查者认为环境污染不严重。

（3）被解释变量的测量。农业转移人口就地城镇化满意度采用"满意和不满意"进行测量，对就地城镇化满意的被调查者所占比重为 92.1%，这表明绝大多数被调查者对就地城镇化表示满意。

---

① 海盐县政府对教育问题非常重视，农业转移人口的小孩受教育问题普遍可以解决。因此，本章将小孩受教育变量设定"解决得不好"与"解决得好"两个测量维度。

② 海盐县基本覆盖了城乡居民社会保障体系，但城乡差别仍然存在，农业转移人口的社会保障仍然无法实现有效对接。因此，本章将社会保障变量设定"解决得不好"与"解决得好"两个测量维度。

7.2.3 模型选择

选择 Binary Logistic 回归模型进行 MLS 参数估计。Binary Logistic 回归模型的基本形式如下：

$$P_j = F\left(\alpha + \sum_{i=1}^{m}\beta_i X_{ji} + u\right) = 1\Big/\left\{1 + \exp\left[-\left(\alpha + \sum_{i=1}^{m}\beta_i X_{ji} + u\right)\right]\right\}$$

$$(7-1)$$

根据式（7-1）进行 Logit 变换，得到概率的函数与自变量之间的回归线性模型：

$$\ln\frac{P_j}{1 - P_j} = \alpha + \sum_{i=1}^{m}\beta_i X_{ji} + u \qquad (7-2)$$

式（7-2）中，P_j 表示农业转移人口对就地城镇化表达满意的概率；$X_{ji}(i=1, 2, \cdots, m)$ 为自变量；β_i（$i=1, 2, \cdots, m$）为自变量的回归系数，表示当其他自变量取值不变时，该自变量每变化一个单位所引起的发生比率（odds ratio）即 Exp(B）的自然对数的变化，其中，odds 表示农业转移人口满意与不满意的概率之比（王济川等，2004）；α 为截距项，u 为误差项。

7.3 结果分析

经多重共线性问题检验，所有自变量的 TOL 值均远大于 0.3，因此便可认为，模型不存在严重的多重共线性问题（Cohen et al.，2003）。从表 7.2 的 Binary Logistic 回归模型估计结果看，McFadden R-squared 值大于 0.2 而接近于 0.4，说明该模型拟合程度较高。同时，LR 检验统计量及其概率值均表明该模型的整体解释力显著。

（1）控制变量的影响。控制变量中仅家庭规模对农业转移人口就地城镇化满意度产生显著影响，家庭规模变量系数为 -0.8985（p 值 = 0.0195），表明家庭规模越大，农业转移人口就地城镇化满意率越低。年龄、性别、健康状况、受教育年限和家庭月均收入对农业转移人口就地城镇化满意度并未产生显著影响。

表 7.2 模型估计结果

变量名称	农业转移人口就地城镇化满意度				
	系数	标准误差	Z 统计量	显著性水平	Exp（B）
性别	− 1.2150	0.7550	− 1.6092	0.1076	0.2967
年龄	0.1736	0.3274	0.5302	0.5960	1.1896
健康状况	0.7161	0.5255	1.3627	0.1730	2.0464
家庭规模	− 0.8985 **	0.3848	− 2.3351	0.0195	0.4072
受教育程度	0.3649	0.4775	0.7641	0.4448	1.4404
家庭月均收入	0.2278	0.2557	0.8907	0.3731	1.2558
户籍制度	0.5136	1.0944	0.4693	0.6388	1.6713
小孩受教育	0.4727	1.3996	0.3377	0.7356	1.6044
社会保障	0.6334	0.8355	0.7581	0.4484	1.8840
农村生活与居住方式	− 3.0832 **	1.2782	− 2.4122	0.0159	0.0458
田园劳作方式	1.2123	1.0942	1.1080	0.2679	3.3612
自己和家人城镇就业情况	1.1990 *	0.7140	1.6793	0.0931	3.3167
消费货币化	0.8509	0.7711	1.1035	0.2698	2.3418
生活环境变化	1.0048	0.9371	1.0723	0.2836	2.7314
原住居民的偏见与歧视	− 0.3353	1.5351	− 0.2184	0.8271	0.7151
土地经营权流转补偿	0.4806	0.9134	0.5261	0.5988	1.6170
宅基地使用权流转补偿	− 1.2646	0.9601	− 1.3171	0.1878	0.2824
选举权和被选举权	1.8219 **	0.9173	1.9861	0.0470	6.1833
民主决策、管理和监督权	0.0089	0.9548	0.0093	0.9926	1.0089
食品安全	1.1208	0.8391	1.3357	0.1816	3.0673
环境污染	1.5325 *	0.8421	1.8199	0.0688	4.6299
常数项	− 6.4886	4.4099	− 1.4714	0.1412	0.0015
McFadden R-squared	0.3951				
AIC 值	0.5146				
SC 值	0.8318				
LR 检验统计量	52.6141				
LR 检验统计量概率值	0.0002				

注：①＊、＊＊ 和 ＊＊＊ 分别表示统计检验达到 10%、5% 和 1% 显著性水平。②McFadden R-squared 值越大，表明模型拟合程度越高；LR 检验统计量及其概率值，表明模型的整体显著性。

（2）解释变量的影响。解释变量中仅农村生活与居住方式、自己和家人城镇就业情况、选举权和被选举权、环境污染对农业转移人口就地城镇化满意度产生显著影响，而其他变量未产生显著影响。农村生活与居住方式变量系数

为 -3.0832（p 值 =0.0159），表明农村生活与居住方式对农业转移人口就地城镇化满意度产生显著负向影响，即留恋农村生活与居住方式会降低农业转移人口就地城镇化满意度，假说 H7 - 3a 得到支持。在农业转移人口调查样本中，认为不留恋农村生活与居住方式的人数是留恋的人数的 1.75 倍，因此这有助于降低农业转移人口总体不满意度。自己和家人城镇就业情况变量的系数为 1.1990（p 值 =0.0931），对就地城镇化满意度产生显著正向影响，说明他们非常关注自己和家庭成员的就业，即农业转移人口良好的城镇就业情况会提高农业转移人口就地城镇化满意度，假说 H7 - 2a 得到支持。在农业转移人口调查样本中，认为自己和家人城镇就业情况良好的人数是差的人数的 10.27 倍，因此这有助于大幅提升农业转移人口总体满意度。选举权和被选举权变量的系数为 1.8219（p 值 =0.0470），表明选举权和被选举权对农业转移人口就地城镇化满意度产生显著正向影响，他们政治参与意识明显增强，即农业转移人口选举权和被选举权得到保障会提高农业转移人口就地城镇化满意度，假说 H7 - 6a 得到支持。在农业转移人口调查样本中，认为选举权和被选举权得到保障的人数是得不到保障的人数的 2.41 倍，因此这有助于提升农业转移人口总体满意度。环境污染变量的系数为 1.5325（p 值 =0.0688），表明环境污染对农业转移人口就地城镇化满意度产生显著影响。户籍制度、社会保障、小孩受教育程度、消费货币化、生活环境变化、原住居民的偏见与歧视、土地经营权流转补偿、宅基地使用权流转补偿等变量未对就地城镇化满意度产生显著影响。从调查情况看，海盐农业转移人口对户口是否为城镇户口已不太关注，甚至不愿意把户口迁往城镇。海盐县城乡基本公共服务均等化水平较高，因此农业转移人口对户籍制度、社会保障、小孩受教育程度、原住居民的偏见与歧视、土地经营权流转补偿等问题不是很关注。

7.4 结论与政策建议

7.4.1 结论

本章从农业转移人口生存状态视角建立实证分析框架，分析浙江省海盐县农业转移人口就地城镇化满意度的影响因素，得出以下研究结论：

第一，农业转移人口对户籍制度、小孩受教育程度、社会保障、生活环境变化满意的比例相对较高，留恋农村生活与居住方式、田园劳作方式的比例较低。

第二，农业转移人口对城镇户籍、小孩受教育、社会保障、田园劳作方式、消费货币化、生活环境变化、原住居民偏见与歧视、土地经营权流转补偿、宅基地使用权流转补偿等并未表现出强烈关注。

第三，留恋农村生活与居住方式、自己和家人城镇就业情况、选举权和被选举权、环境污染对农业转移人口就地城镇化满意度有显著影响。

第四，尽管农业转移人口表示存在食品安全问题，但食品安全对其就地城镇化满意度未产生显著影响。

7.4.2　建议

基于以上研究结论，得出如下政策建议：

第一，以增加就业机会为工作重点，努力提高农业转移人口就业收入水平。就地城镇化的关键是如何解决农业转移人口的就业问题。为此，应适度发展劳动密集型制造业，大力发展现代服务业，提高其对农业转移人口就业吸纳能力。不断优化创业环境，鼓励农业转移人口在当地创业，创造更多的就业岗位，不断提高农业转移人口的收入水平。

第二，开展多层次、多形式的教育培训，提升农业转移人口整体素质。开展多种形式教育培训，提高农业转移人口的就业技能和文化素质，提高农业转移人口适应城镇工作和生活的能力，不断提升他们的生活品质和幸福感。

第三，加强社区治理体系建设，不断提高农业转移人口归属感。加强社区载体和平台建设，增强农业转移人口主体权利意识，鼓励他们积极参与社会活动，培养他们的公共精神和政治参与能力，提高他们对城镇的归属感。

第四，全面落实绿色发展理念，加大环境污染治理力度，优化农业转移人口的工作和生活环境。大力推进城镇污水处理设施建设与改造，实施山水林田湖泊生态保护和修复工程，加大工业污染源治理力度，加快传统制造业绿色改造，大力发展节能环保产业，形成人与自然和谐发展的城镇化建设格局，全面提升生态环境质量和水平。

附录：农业转移人口就地城镇化满意度 与影响因素调查问卷

尊敬的朋友，您好！

这是一份学术性问卷，以农业转移人口就地城镇化满意度为研究主题，旨在探究就地城镇化过程中影响农业转移人口满意度的关键因素。问卷的调查对象是指在已经就地城镇化的农户户主。本课题组郑重承诺，本次调研所获得的全部资料只用于学术研究，请您放心填写。本问卷大概占用您 30 分钟左右时间，您的 30 分钟对于我们进行就地城镇化制度创新的研究具有重要意义！

衷心感谢您的无私协助，并祝您愉快、万事胜意！

国家社会科学重点项目就地城镇化课题组

嘉兴学院长三角城乡统筹发展研究中心

填写说明：

1. 可在区域_____中填写文字；可在方框□中打"√"表示选中相应选项。

2. 由于数据分析和科学研究的需要，请就您所知，尽量给予最完整和真实的回答。

注意：就地城镇化是指农村转移人口除了进入城市"市民化"以外，还可以不向大中城市迁移，农民可以依托中心村和小城镇，因地制宜，形成适合当地发展的特色产业，发展生产和增加收入，改变生活方式，过上和城市人一样的生活。

第一部分：个人基本情况

1. 您的姓名：_____ 联系电话：_____

家庭住址：_____

2. 您原来是：□ 本地农民 □ 外地农民（农民工）

3. 您的性别：□ 男　　□ 女

4. 您的年龄：

□ 20 岁以下　□ 21 ~ 30 岁　□ 31 ~ 40 岁　□ 41 ~ 50 岁

□ 51 ~ 60 岁　□ 60 岁以上

实际年龄_____

5. 您的教育程度：

□ 小学初中　□ 高中中专　□ 大专　□ 本科

□ 其他_____　□ 实际受教育年限_____

6. 您的家庭人口数：

□ 1 人　□ 2 人　□ 3 人　□ 4 人　□ 5 人　□ 5 人以上

7. 您的家庭成员结构：□ 家里无小孩　□ 家里有小孩

8. 您（户主）和家人主要从事职业：□ 农业　□ 兼业　□ 非农业

（农业是指种植业□、林业□、渔业□ 和畜牧业□，具体为：_____）

9. 您的家庭人均可支配收入（去年）：

□ 低于 5000 元　□ 5000 ~ 10000 元　□ 10001 ~ 20000 元

□ 20001 ~ 30000 元　□ 30001 ~ 40000 元　□ 高于 40000 元

实际收入_____

10. 您的健康状况：□ 良好　□ 一般　□ 不好

第二部分：农业转移人口就地城镇化满意度

1. 您对就地城镇化迁移态度是：

□ 满意　□ 不满意

2. 您对以下内容的判断是：

题　项	强烈不同意	基本不同意	略不同意	不能判断	略为同意	基本同意	强烈同意
	1	2	3	4	5	6	7
我和我的家人参加了就地城镇化政策感到非常满意	□	□	□	□	□	□	□

第三部分：农业转移人口就地城镇化满意度的影响因素

1. 户籍制度	□ 没有办法解决	□ 可以解决	
2. 小孩受教育	□ 解决得不好	□ 解决得好	
3. 社会保障	□ 解决得不好	□ 解决得好	
4. 农村生活与居住方式	□ 不留恋	□ 留恋	
5. 田园劳动方式	□ 不留恋	□ 留恋	
6. 自己和家人城镇就业情况	□ 差	□ 一般	□ 良好
7. 消费货币化	□ 不严重	□ 严重	
8. 生活环境变化	□ 不容易适应	□ 容易适应	
9. 原住居民的偏见与歧视	□ 没有	□ 有	
10. 土地经营权流转补偿	□ 不合理	□ 合理	
11. 宅基地使用权流转补偿	□ 不合理	□ 合理	
12. 选举权和被选举权	□ 得不到保障	□ 得到保障	
13. 民主决策、管理和监督权	□ 得不到保障	□ 得到保障	
14. 食品安全	□ 不放心	□ 放心	
15. 环境污染	□ 不严重	□ 严重	

问卷至此结束，再次衷心感谢！

第 8 章

就地城镇化实践规律、
经验与政策建议

8.1 就地城镇化实践规律特征及经验

近年来，我国工业化和城镇化发展如此之快，以至于没有很好的理论准备，只能借用西方城市化理论指导实践，这难免会在具体实践中出现一些偏差。目前，我们应认真反思城市化进程中"大城市病"和"农村病"并存的现象，科学评估现有城镇化发展模式及推进方式，总结就地城镇化的实践规律和主要经验。国内外城镇化实践表明，城镇化有多种路径可以选择，我们应该在掌握就地城镇化实践规律的基础上，探索具有中国特色的城镇化道路和推进方式，以防止因战略失误而付出沉重的代价。

8.1.1 就地城镇化的实践规律

改革开放以来，我国就地城镇化经历了"自下而上"和"自上而下"的阶段，涌现了不少发展模式。纵观我国就地城镇化发展历程，可以得出以下几点实践规律。

（1）就地城镇化是经济发展中的自然过程，市场永远是第一驱动力。区域经济发展过程中，受利益动机的牵引，农村人口会向城市迁移，城市化就随之发生。因此，市场永远是就地城镇化的第一位驱动力，缺乏市场驱动力的就地城镇化是难以可持续发展的。从实践经验看，经济发展比较好、产业发展有特色的区域，就地城镇化相对比较容易发生，而经济发展基础比较弱的区域，就地城镇化的难度就很大。自改革开放以来，东部沿海地区由于乡镇企业的发展，催生了一大批新兴集镇，是市场驱动就地城镇化的生动案例，如浙江义乌、江苏盛泽、福建石狮等。无论是政府主导型还是农民自发型的就地城镇化，市场都是就地城镇化发展的持久动力，一些地方在推进就地城镇化的工作中存在不顾市场规律"圈地造城"的现象，造成虚假繁荣的城镇化，其城镇化是不可持续的。

（2）政府是就地城镇化的重要推动力，影响着就地城镇化的路径、进程和速度。由于我国现实生活中存在不少阻碍就地城镇化的制度因素，政府在就地城镇化发展中的重要作用是破除影响农业转移人口就地转移的制度障碍，引导他们就地、就近有序向中小城镇转移。以浙江省龙港镇为例，该镇在 20 世纪 80 年代初突破土地有偿使用、户籍制度、民营经济的制度障碍，率先建起了中国第一座农民城。在 80 年代建镇之初，龙港发挥市场机制在城镇化中的作用，城镇发展突飞猛进，但也曾出现城镇无序发展、交通大阻塞、环境污染严重、食品安全问题突出等一系列问题。因此，就地城镇化既要发挥市场"看不见的手"的作用，也要用好政府"看得见的手"，解决好市场无法解决的问题，如城市交通、环境保护等。政府在推进城镇化的过程中积极引进社会资本，对于加快城镇建设有重要作用，以湖南省大汉集团为例，该集团先后参与了娄底、双峰、株洲等三十余个县域城镇的开发建设，极大地推动了县域城镇化发展，被称城镇化建设的"大汉模式"[①]。

（3）就地城镇化需要一定的条件，区位、产业、制度、文化等是重要影响因素。就地城镇化必须有产业支撑，失败的城镇化往往由于缺失产业支撑，农业转移人口无法得到充分就业而处于困境。区位条件比较好的地区容易集聚资金、劳动力等生产要素，就地城镇化相对比较容易，而区位条件比较差的地区则集聚产业难度较大，推进就地城镇化相对比较困难。中国特色就地城镇化

---

① 刘明，程圣中，王蒙．"大汉模式"论坛在京召开　民企要做中国城建的领跑者［EB/OL］．(2011. 1. 13). http：//www. ce. cn/cysc/fdc/fc/201101/13/t20110113_20709929. shtml.

的基本制度前提是土地公有制，地方政府可以在国家土地所有权和农村集体土地所有权制度框架内，发挥市场在激活土地要素价值中的作用，为城市建设和农业转移人口的市民化储备资金，这样既可避免农业转移人口的"贫困化"，也能有效避免农业转移人口的"流民化"。目前我国城镇化的背景条件与当年西方国家有很大的差别，交通、通信技术的迅猛发展正在改变人们的生产生活方式，就地城镇化的适用性也在发生变化。

8.1.2　我国就地城镇化的基本经验

改革开放以来，我国各地就地城镇化实践中形成了不少好做法、好经验，对其他地区推进就地城镇化有很好的借鉴意义，主要表现在以下几个方面。

（1）产业培育与发展是推进就地城镇化的关键。国内典型案例显示，产业发展是城镇化的基础和内在要求，推进就地城镇化的关键是产业的培育和发展。浙江省龙港镇从 5 个小渔村发展成为中等规模小城市的关键在于产业的发展，该镇已经集聚了印刷、纺织、礼品、塑编等产业，为本地农民就地城镇化提供足够的就业空间。河南省新郑就地城镇化遵循"产业为基、就业为本"的原则，在推进农村新社区建设时注重"新型社区与产业集聚区融合发展"，农村新社区附近至少有一家规模企业，确保农村新社区居民有一定的就业机会。福建省莆田市注重特色小镇的培育，通过发展特色产业吸引农业转移人口就地城镇化，如仙游仙作工艺小镇、城厢华林鞋艺小镇等。从调研中我们也发现，有些农村新社区表面看上去比较漂亮，但由于周围缺乏企业的支撑，农业转移人口的就业比较困难，不断上升的生活成本使他们增加了对未来生活的忧虑。有些地方在农村新社区建设时没有很好地与产业的培育相结合，不能为从农业转移出来的劳动力提供足够的就业机会，难以给他们在本区域县、镇、农村社区提供充足的就业机会，一些农业转移人口因此还要跨区域寻找就业机会。因此，没有产业支撑的就地城镇化将是空中楼阁，无法承载失地农民的就业梦想，更不能吸引漂泊在外、异地半城镇化的农业转移人口回乡就业。

（2）城乡一体规划是科学推进就地城镇化的保证。就地城镇化发展表象是农村人口向小城镇集聚的过程，实质是城乡一体化发展过程，城乡关系协调发展过程。因此，需要制定科学合理的城乡一体城镇体系规划，构建科学合理的城镇格局，引导区域内城乡一体发展、整体发展，使县城、中心镇、小城镇、农村新型社区多级城镇体系协调均衡发展。在实践中，就地城镇化工作做得好的地方一定是有比较科学的城乡一体发展规划，统筹推进城乡协调发展；那些只重视城镇建设而忽视农村发展的就地城镇化是注定不能成功的，因为凋敝农村下的城镇化是不和谐不美丽的城镇化，也是不可持续的。实践中，一些地方主要通过创新规划编制模式，优化城乡空间布局，使中心镇、小集镇、农村新社区布局更为合理、和谐。海盐县坚持把规划作为推进就地城镇化工作的首要任务，全县"规划一张图"统筹谋划土地整治规划、村庄布点规划、美丽乡村建设规划、现代农业发展规划等，统筹推进城镇化建设与美丽乡村建设。海盐县通过科学规划，对全县散沙一样的自然村进行调整，形成空间布局合理、功能互补、城乡协调的"县城—中心镇—城乡新社区—保留村庄"城乡新格局，使就地城镇化有坚实的载体。新郑市将国民经济发展规划、土地利用总体规划、城乡总体规划、产业布局规划、生态环境保护规划"五个规划"一体编制，通过对城乡空间布局的持续优化，形成了"两城（中心城区、龙湖新城）、两市镇（薛店镇、辛店镇）、若干新型社区和特色保留村"的空间布局。因此，地方政府在推进就地城镇化时需要统筹城乡规划，用规划保障城乡一体发展、联动发展、和谐发展，形成科学合理的城乡新布局。

（3）因地制宜是推进就地城镇化的基本原则。由于区位、资源、产业、文化等条件存在差异，各地根据自身优势与特点，科学选择就地城镇化道路，形成了多种就地城镇化模式，如龙港模式、海盐模式、新郑模式、莆田模式等。浙江省龙港镇建镇之初就发挥商业文化浓厚、民营经济发育较早的优势，以五个渔村为基础，通过放松户籍限制，鼓励农民购地自费建城，再依托城镇培育产业、吸引人才，走出城镇化与工业化互动发展的就地城镇化道路。浙江省海盐县依托区域条件好、工业化水平较高的优势，统筹推进城乡均衡一体发展，走出"全域城镇化"的就地城镇化发展道路。这是因为，海盐县位于国际大都市上海的南翼，是沪杭、苏甬双线的枢纽，又有海岸线优势，受到上海市强辐射，不仅容易集聚产业、人口，而且有较强的内生发展动力，可以在县域范围内形成县城、中心镇、小城镇、农村新社区多层就业体系。河南省新郑市、陕西省西安市高陵区之所以能成功推行"全域城镇化"战略，主要是利用了省会城市的独特区位优势，抓住大城市城区扩张、工业企业外迁等契机，通过承接产业转移调整城乡空间布局，推动产业集聚区和新型社区融合发展，带动农民就地实现城镇化。福建省莆田市从当地实际出发探索沿海、山区、平原多种就地城镇化模式，引导农民实现就地就近城镇化。实践经验显示，各地应根据因地制宜原则科学选择就地城镇化模式，县域经济发达且相对均衡的地区及大城市毗邻区（县）可推进全域城镇化，对于县域经济发展不均衡的地区，应以经济强镇或经济强村为经济增长极，引导人口、资源、产业向强镇强村集聚，以点带面，梯次推进就地城镇化。

（4）维护好农民的合法权益是推进就地城镇化的根本。就地城镇化涉及农业转移人口诸多权益，维护好他们的权益关乎城镇化成败，只有维护好农业转移人口权益的城镇化才具有生命力。维护农业转移人口合法权益，尊重他们的多元利益诉求，不仅是遵循就地城镇化以人为本的价值导向，也是激发农民参与就地城镇化的主动性和积极性的必然要求。从国内就地城镇化实践看，能够维护好、实现好、发展好农业转移人口根本利益的地区，就地城镇化工作推进得就比较顺利，农业转移人口对就地城镇化的满意度就高，而没有维护好、实现好、发展好农业转移人口根本利益的地区，往往推进就地城镇化的难度较大，农业转移人口的抱怨较多、幸福感较低，甚至出现上访事件，影响社会稳定。维护失地农民的合法权益，就是要让农业转移人口平等地参与城镇化进程，共享城镇化所带来的发展成果。维护农业转移人口的合法权益关键是要维护就业权、财产权、公共服务权益。维护就业权就是要消除就业壁垒，让农业转移人口平等地参与城镇就业市场的竞争，使他们有稳定的工资收入。比较成功的做法有：产业园区与新型城区协调发展，产业园区企业为新型社区内的农业转移人口提供稳定的就业机会，如山东不少地方通过推进"两区同建"（农村居住社区和产业园区同步建设）为农业转移人口提供就近就业机会；通过劳动技能培训，增强就业能力，这是比较普遍的做法；有些地方针对农业转移人口中就业困难人员，还通过提供公益性岗位方式保障就业。维护财产权就是要消除城乡要素流动障碍，提高农业转移人口的财产性收入。比较成功的做法有：通过农村产权制度改革，激活农村"沉睡"资产，增加农民财产性收入水平；通过土地整治，鼓励农民置换搬入新型社区以获得产权住房，实现房屋产权增值。维护公共服务权益就是通过实现基本公共服务均等化，使农业转移人口享受与城镇居民同等的教育、养老、医疗等待遇。比较成功的做法是，新型社区要按照城镇化的要求健全配套公共服务设施，对于入住新型社区农民，统一享有城镇居民同等的教育、养老、医疗等待遇，使入住的居民共享城镇化成果。

（5）制度创新是推进就地城镇化的动力来源。就地城镇化发展涉及经济社会发展的各个方面，是一项"综合性、系统性的社会变革"（潘泽全，2015），没有相应的制度创新是很难可持续发展的。从我们接触到的就地城镇化实践来看，每一个成功的个案都在制度创新中不断获得发展的动力。我国的城镇化是在渐进式改革中不断得到发展的，制度创新也存在边际收益递减的问题，在就地城镇化推进过程中，不同时期会遇到不同的困难和问题，因而需要不断突破制度障碍，方可解决发展难题，推动就地城镇化持续健康发展。不同的城镇化，由于发展历史、发展阶段、发展战略、发展路径存在差异，其遇到的制度障碍并不相同，制度创新的内容和方式也各异。就龙港而言，其就地城镇化发展历程，就是不断突破城乡制度障碍的过程。建镇之初，龙港依靠户籍改革、土地有偿使用、发展民营经济三大改革举措，突破了人口集聚、企业集聚和城镇建设的制度障碍，建成了中国第一农民城。这在当时是极具挑战性的，制度创新对城镇化的驱动力也是史无前例的。当城镇发展到一定规模后，龙港遇到了城市能级与镇级管理权限不相匹配问题，为此龙港五次推行以强镇扩权为重点的行政体制改革，不断破除城镇化发展中遇到的障碍，不断增添新的发展动力。与龙港镇相比，新郑市的制度创新相对集中，更多地呈现自上而下的制度变迁，如实行城乡户籍管理一元化，消除城乡户籍制度壁垒，促进城乡居民流动；房屋产权同质化，农业转移人口入住的新型社区房屋可以办理商品房房产证，激发农业转移人口向城镇迁移的积极性；稳步推进农村新型社区"村改居、集改股"工作，保障农业转移人口财产性收入，增强农业转移人口对就地城镇化生活的美好预期。因此，就地城镇化也是制度创新过程，地方政府在其中发挥了不可替代的作用，如何依据不同的发展阶段提供合理制度供给是考验地方政府能力的重大课题。

（6）小城镇和农村新社区是推进就地城镇化的重要载体。从国内典型案例可以看出，各地都把特色小镇和新型农村社区建设作为推进农民就地城镇化的战略基点和重要载体。特色小镇一般是依托本地比较优势发展起来的小城镇，有文化积淀，有产业基础，有较大的就业增收机会，对农业转移人口有一定的吸引力。浙江、江苏、广东、福建等地特色小镇的培育与发展有力地推动了就地城镇化发展。在发展特色小镇的同时，各地积极推进农村新社区建设，使更多的农业转移人口过上与城里人一样的生活。如新郑市农村新型社区按照"六通十二有"标准建设，高陵新型社区按照"十有两配套"标准建设，从而让农民消费在社区里，过城里人生活。农村新社区建设对就地城镇化的意义在于优化了农村土地资源配置，增加了农民的财产性收益。农村新社区建设能将分散居住的农民集中到新型社区，可以将节约出来的土地指标置换到城区所获的收益用于新型社区建设及发展集体经济，提高入住居民的福利和收入水平。新郑农民通过宅基地置换到新型社区，每户可以获得相应的产权房产，不仅实现了房产增值，除居住外还可以出租房产，以获得资产收入。建设农村新型社区不仅能够用比较低的成本和代价实现人口的集聚、农民资产增值，还能改变入住居民的生活方式，受到不少地方的青睐。需要指出的是，新型社区建设也需要经过严密的论证和科学的规划，不能不顾发展条件盲目推进。我们调查中也发现了有些农村新社区建设并没有给入住居民带来更多的就业机会，也没有增加他们的财产性收入，被访者的抱怨也比较多。

8.2 我国推进就地城镇化的基本思路

就地城镇化是我国城镇化发展的重要战略，需要政府运用"有形之手"科学引导，避免出现大的战略失误。因此，政府需要有正确的发展思路和科学方法指导城镇化实践。对于如何推进我国就地城镇化，前期有学者进行过研究，吴碧波和黄少安（2015）认为我国推进就地城镇化应该立足实际，凸显特色；以人为本，集约发展；适度集聚，城乡统筹；政府主导，市场决定。在综合前期研究的基础上，本课题组认为，我国推进就地城镇化的基本思路是：加强宏观指导，管控城镇发展方向；鼓励基层创新，因地制宜特色发展；开展局部试点，加强典型示范引领；突出改革创新，完善制度供给体系。

8.2.1 加强宏观指导，管控城镇发展方向

就地城镇化是我国城镇化的重要战略举措，引导约1亿人在中西部地区就近城镇化是我国城镇化发展的重要战略任务。要加强对城镇化理论体系的构建，从宏观上把握就地城镇化发展的内在规律，为指导就地城镇化实践提供科学的理论依据。各级地方政府要深化对就地城镇化重要性的思想认识，把推进就地城镇化与解决"三农"问题、实现城乡一体化同谋划、同部署。各地要加强就地城镇化的顶层设计，科学规划城镇规模和布局，将中小城镇发展作为就地城镇化战略重点，形成科学合理的城镇化体系。就地城镇化发展规划应统筹考虑产业、人口、社会发展等综合因素，并与国家发展战略完美衔接，确保就地城镇化发展战略能有充分的回旋空间。要加强对就地城镇化的宏观指导，明确就地城镇化的发展方向、目标和重点等，因地制宜出台具体指导意见和相关政策。由于就地城镇化涉及部门众多，需要由中央权威机构负责战略管控与协调，研究制定相关改革措施。要从政策机制上预防大城市过度膨胀，减少"候鸟型"人口迁移现象，大力提升中小城镇对农业转移人口的吸引力，鼓励农业转移人口就地就近就业、就地就近创业。

要加强对就地城镇化发展方向的战略管控，努力消除就地城镇化过程中因市场失灵带来的弊端。一些半城市化地区工业污染相对比较严重，重复建设现象比较普遍，环境监管能力较弱，居民的环保意识不强，公共服务设施也相对比较滞后，不仅难于真正实现人的城镇化目标，也难以完成乡村振兴的战略任务。各地要牢固树立"绿水青山就是金山银山"的理念，在推进就地城镇化的同时注重保护环境，促进人与自然和谐共生，实现城乡一体发展、可持续发展。要打破地区间行政壁垒，克服地方保护主义，建立以构建大都市圈城镇网络体系为导向的体制机制，促进小城镇积极参与都市圈分工，形成布局合理、特色鲜明、环境优美的中小城镇群。要加强对就地城镇化的发展评估，及时发现和纠正出现的问题，避免出现重大的偏差和严重的问题。要把就地城镇化战略管控重点放在中西部地区，这不仅是因为中西部地区城镇化基础比较薄弱且任务艰巨，更主要是一旦发生东部有些地区城镇化中曾经出现的环境问题时，治理的难度和代价将更大。

8.2.2　鼓励基层创新，因地制宜特色发展

我国区域经济发展不平衡，呈现显著的东中西梯形发展形态，与之相对应的农村就地城镇化发展条件也有很大差异性，既有北京、上海、深圳、广州等超大城市周边地区的郊区农村，也有中西部地区比较偏远相对落后的农村。因此，我国就地城镇化发展模式也应该是多元的、多层次的，这主要依靠基层创新来实现。各地要根据地理环境、资源禀赋、文化特色、产业基础选择就地城镇化模式（沈翠珍等，2015；吴碧波、黄少安，2015）。对于具有良好区位条件的地区来说，应充分发挥区域优势，找准在城市群中的分工定位，大力承接周边大中城市的产业转移，集聚特色产业和人才，给农业转移人口创造就业机会。要瞄准大中城市消费需求，积极发展现代农业和休闲旅游业，拉长农业和旅游产业链。要保护历史文化，包括有形的如房屋建筑、桥建筑等，无形的如饮食、娱乐等。要开放文化，植入现代元素，延续城镇文化传统。各地应充分论证、认识自身比较优势，因地制宜发展优势产业，如高科技特色小镇、特色制造业小镇、专业商贸小镇、休闲旅游小镇等。要通过打造"地点文化体系"（张鸿雁，2014），使小城镇成为区域文化特色的载体，形成色彩斑斓的中国特色小镇群体。需要注意的是，就地城镇化发展过程中各地不能盲目攀比，避免造成千镇一面的同质化现象，从而失掉小城镇的文化灵魂。

8.2.3　开展局部试点，加强典型示范引领

就地城镇化是一项十分复杂的工程，具有很多不确定性，需要在实践中不断探索和总结。就地城镇化局部试点，一方面，可以为其他地区的小城镇发展提供实践示范，降低其他地区小城镇建设的学习成本；另一方面，可以促进政府不断优化城镇化发展政策，减少由于政策失误所导致的风险。我国东部沿海地区在以往的小城镇发展实践中形成了一定的特色，如浙江"特色小镇"、山东"示范镇"建设，对其他省份推进就地城镇化提供了不少可以借鉴的经验。国家发改委为了总结可复制、可推广的新型城镇化经验，于 2015 年启动了

新型城镇化试点工作，还通过第三方评估总结了供各地学习借鉴的经验。该项试点工作对于各地有很强的指导意义，各地应结合实际开展多种形式的就地城镇化试点工作。试点工作的重点应包括：其一，体制机制创新，包括中小城镇管理体制、城镇化投融资机制、农民市民化成本分担机制、土地产权制度改革、农村土地价值收益共享机制等；其二，发展模式创新，包括人口集聚模式、产业发展模式、城乡一体模式、乡村文化传承与创新模式等；其三，农民市民化路径创新，包括户籍制度、社会保障、教育培训、农村新社区治理、社区文化建设等。同时，应完善对试点工作的第三方评估制度，及时发现问题、总结经验，纠正苗头性、倾向性的不当做法，促进就地城镇化沿正确的方向发展。

要加强中西部地区就地城镇化的试点工作，积极探索适合中西部地区就地城镇化的模式和经验，引导中西部地区农业转移人口就近就业。相对而言，东部地区有较好的就地城镇化基础，20世纪80年代乡镇企业的兴起形成了一批有特色的专业镇，这批新兴城镇的发展，主要是市场机制作用的结果，对农业转移人口的吸引力也相对较强。而中西部地区城镇化基础较弱，缺乏中等规模城市的辐射，发展小城镇的环境和条件较差，就地城镇化的任务更加艰巨。因此，我国就地城镇化的战略重点应该是中西部地区，中西部地区要加强对重点示范镇的建设，重点培育一批特色鲜明、可看可学的就地城镇化典型城镇，发挥其示范引领作用。要适时召开就地城镇化推进交流会，总结推广就地城镇化的先进经验，组织到试点地区实地考察学习，开展定向交流。要加强东部和中西部地区干部交流，把东部地区推进就地城镇化的理念、经验和做法带到中西部地区。要通过举办就地城镇化培训班，开展对各层次干部的教育培训，培养一批理念先进、业务精良的就地城镇化工作队伍。

8.2.4 突出改革创新，完善制度供给体系

要全面深化体制改革，加快推进与就地城镇化相关的户籍、土地、规划、城建、区划调整等体制改革，破解制约农民就地就近迁移的制度障碍。要清理现行法律法规体系中有碍就地城镇化发展的内容，不断完善《农村土地承包法》《物权法》《担保法》《城乡规划法》《村庄和集镇规划建设条例》等法律

法规，为就地城镇化提供更好的法律法规等基础性制度供给。

要深化跨行政区域合作的改革创新，形成区域城镇协同发展的体制机制。国务院 2016 年发布的《长江三角洲城市群发展规划》指出，长三角城市群发展的基本原则之一是"分工协作，协同发展"，"明确城市功能定位，强化错位发展，协同推进城乡发展一体化和农业现代化"。这一发展规划对于长三角地区就地城镇化发展有重要指导意义，对全国其他区域有很强的参考价值。要进一步深化区域合作的改革，消除农业转移人口跨行政区域就近迁移的制度障碍，让农民有更大的自由选择空间和迁移机会。

要推进城镇管理体制改革，探索就地城镇化背景下城镇化管理的新体制。浙江省在这方面的改革走在前列，2007 年 5 月浙江省启动"强镇扩权"改革，在省政府印发的《关于加快推进中心镇培育工程的若干意见》中，对部分中心镇赋予其部分县级经济社会管理权限。在此基础上，2010 年 12月浙江省发改委等部门联合出台《浙江省强镇扩权改革的指导意见》，进一步改革试点镇管理体制，赋予全省 27 个小城市试点镇与县级政府基本相同的经济社会管理权限。要推广浙江省"扩权强镇"改革的成功经验，赋予中心城镇相应的事权和财权，增强中心镇政府公共服务、公共产品供给能力和管理能力，重点下放治安、环保、城建等行政管理权限，增强中小城镇管理能力和水平，为就地城镇化提供更大的制度空间。

8.3 推进我国就地城镇化的对策建议

综上所述，我国就地城镇化既要发挥市场在资源配置中的决定性作用，又要更好发挥政府在发展方向上的引领作用，既要鼓励基层积极创新，根据省情、市情具体情况因地制宜推进就地城镇化，又要有统一的发展战略，从政府的角度要有"规定要素和动作"（张鸿雁，2014），如对历史文化、生态环境的保护、农业转移人口的教育培训等。我们认为，推进我国就地城镇化应从城乡一体规划、特色产业、农村产权制度、教育培训体系、创业扶持体系、综合承载能力、政府职能七个方面采取相应的对策措施。

8.3.1　强化城乡一体规划，引导农业转移人口有序流动

各地要充分发挥规划的引导和控制作用，要牢固树立统筹城乡一体发展的理念，推进形成主体功能区的政策导向，引导所辖区域根据自身条件走差别化小城镇发展道路，优化区域人口和产业空间集聚方式，在全县城范围形成"县城→中心镇→小城镇→新型社区"网络型的发展格局，促进城乡协调发展。城镇规划要吸引公众积极参与，保证民众特别是农业转移人口的合法权益。充分借鉴发达国家城镇化经验，加强就地城镇化规划设计论证，科学确定小城镇定位、方向、战略和路径等问题，防止战略方向上出现偏差，为城镇未来发展预留充分的发展余地。要加强县域城镇规划的指导，培育县域经济"增长极"，制订科学的农业转移人口流动引导计划，扎实推进农业转移人口有序流动。要防止农民没有选择权的"被动城镇化"现象发生，让农业转移人口在"主动城镇化"中实现自己心中的梦想，享受城镇化带来的福利。要充分尊重不同农业转移人口多样化的城镇化需求，实施差别化、可选择的迁移政策，鼓励农业转移人口就地、就近向小城市和小城镇转移。

8.3.2　加强特色产业培育，增强对农业转移劳动力吸纳能力

产业完备性与就业岗位的创造能力是城镇化成功的关键因素[①]。推进就地城镇化的过程中，要把培育和发展产业放在首位。中小城镇要与大中城市深入开展产业分工，形成开放型产业体系，增强城镇可持续发展动力。要主动适应服务业向大城市集聚和制造业向中小城市分散的发展趋势，中小城镇要积极承接大城市的制造业转移，扩大农业转移人口就业机会。要积极发展现代农业，延长农业产业链，促进农业产业结构优化升级，提高农业附加值。要适度发展劳动密集型制造业，吸收更多农业转移人口就业。要努力开发乡村旅游资源，大力发展乡村旅游业等，吸引农民就地创业就业，增加收入水平。

---

① 李强，陈宇琳，刘精明. 中国城镇化"推进模式"研究 [J]. 中国社会科学，2012（7）：82 – 100.

中西部要主动承接东部地区的产业转移，大力发展特色小镇，吸引劳动力回流，就地就近就业。欠发达地区要通过承接产业转移不断融入更大范围经济循环，使中小城镇更有经济活力，提供更多的就业机会，留住和吸引更多农业转移人口在本地创业和就业。要借鉴东部沿海地区吸引外资的经验，优化招商引资的市场环境，使入住的企业留得住、发展好，形成良好的社会声誉。要利用东部沿海地区企业拓展价值链的机会，积极引进社会资金建立工业园区，借鉴东部沿海发达地区的成功经验促进产业集聚发展。要因地制宜发挥比较优势，培育特色产业，积极发展吸收劳动力强的资源加工、旅游产业等。要出台创业扶持政策，大力优化创业环境，吸引在外成功创业的人士回乡创办企业，鼓励农民工利用在外学到的技术和经验回乡创业。要充分利用国家实施"一带一路"倡议的有利时机，积极发展边境贸易，引入东部沿海地区市场发展模式，积极发展一批特色市场，培育一批专业化市镇。

应当指出，一些地方的城镇把发展"高精尖"产业作为战略重点的做法，并不一定适合所有地区。我们认为，不顾实际盲目追求发展高新产业的做法有很大风险，中小城镇应该根据实际情况积极发展"适应性产业"。按照一般产业发展规律，制造业和服务业是吸收农业转移人口的主要载体，各地应根据区域比较优势发展相应的产业，培育特色产业集群或专业市场。应根据区域自然禀赋、区位条件、公共知识等来推进区域产业发展，不能追求"大而全"的产业体系。要积极发展高附加值的劳动密集型产业，为农业转移劳动力提供更多的就业机会。一些区位条件好的城镇要充分利用好大中城市的辐射效应，承接城市产业转移，集聚特色产业，培育特色产业集群。农业产业化是就地城镇化的重点（焦晓云，2015；李彦，2016），对于农业产区来说，比较合适的城镇化路径是，通过农业产业化，拉长特色农业产业链条，向农产品加工制造和相应的服务业延伸，实现第一、第二、第三产业互动发展，壮大就地城镇化的产业基础。要因地制宜发展具有本土特色的主导产业，培育商贸流通型（物流服务型）、工矿服务型、加工制造型、休闲旅游型等特色小镇。

8.3.3 深化农村产权改革，增强农业转移人口流动能力

农村产权制度安排对农业转移人口及家庭向城镇迁移的意愿和能力具有重

要影响（涂圣伟，2017）。农村产权的非流动性严重影响着他们的迁移决策，以至于很多地方的农民不愿意到城镇落户。因此，深化农村产权改革是引导农民向城镇迁移的必由之路。深化农村产权改革的目标指向是形成统一的城乡要素市场，为农业转移人口迁移提供基础条件。

要继续完善农村土地所有权、承包权、经营权分置制度改革，通过农村土地承包权和经营权流转、抵押、担保等方式促进城乡要素流动，增强农业转移人口向城镇迁移的意愿和能力。要健全农村土地承包地流转机制，允许农民在自愿的基础上选择合适的方式流转土地承包经营权，引导一部分农民离开耕地就地向中小城镇迁移。积极探索宅基地所有权、资格权、使用权"三权分置"改革，建立农村宅基地流转机制，探索多元化的宅基地流转模式，允许农民通过宅基地货币化离开农村。要大力发展农村要素市场，改变供需双方信息不对称的情况，保证农民权益得到最大限度的保障。

要建构集体成员身份确认制度、推进集体资产股份合作制度改革，不断消除农业转移人口流动的制度障碍。大力发展农村集体经济，促进农民资产不断保值增值，让更多的弱势群体享受城镇化带来的好处。目前在法律制度层面缺乏相应的宅基地流转的法律保障，在交易平台层面也缺乏有效的载体，因此要有相应的制度供给和交易服务平台。要完善农村产权服务交易平台，为交易双方提供信息、咨询、指导，促进农村产权交易市场繁荣发展。加快农村集体资产确权改革，进一步明晰集体所有产权关系，建立成员退出和市场化流转机制。推进农村集体经济股份合作制改革，股权折算到每个农民，让每个农民不因迁移失去相应的权益。

8.3.4 完善教育培训体系，提升农业转移人口能力素质

农民从农村向小城镇迁移，不仅是农民个体的行为，还涉及产业结构、社会结构的变迁。以提高农民能力为主导的农民内生性市民化（张元庆，2016），关键是人力资本的提升。随着城镇工业化进程的不断推进，产业转型升级与劳动力素质匹配矛盾也会凸显。因此，农业转移人口人力资本提升是就地城镇化的重要内容，对于促进城镇产业结构升级具有基础性作用。在就地城镇化进程中，产业升级需要大批高素质的职业技能人才，职业教育应为城镇化

进程中产业升级提供强有力的人才支撑，使就地城镇化具有可持续性。农业转移人口人力资本投资外部性的存在客观上也要求政府的介入，因此加强农业转移人口的技能培训应是推进就地城镇化的重要举措。就地城镇化倡导人的全面发展，使农业转移人口在就地城镇化过程中得到全面发展，这是一项艰巨的任务。面对庞大的农业转移人口，政府要构建相应的职业教育和培训体系，通过相应的制度安排促进他们积极主动接受再教育。美国、英国、日本等发达国家在城镇化进程中所建立起来的农业转移人口教育培训体系值得我们学习借鉴，如健全完善职业教育培训的法律法规、建立多渠道的职业教育培训资金投入机制等。

农业转移人口教育培训涉及政府、企业和农民本身，政府在教育培训中的主导作用是不可替代的。政府的主导作用主要体现在规划、引导、组织、实施等方面，不仅要加强宣传教育、制定相关政策，还要加强职业技能培训的管理与服务，形成外生激励和内生激励相结合的人力资本投入机制。政府要结合本地实际制订农业转移人口职业培训计划，建立农业转移人口就业技能培训的长效机制。要加大对农业转移人口职业培训的投入力度，鼓励农民按照自身需要参加相应的培训学习。要建立专门的培训基金，实行培训教育补贴制度，同时应发挥财政杠杆作用，吸引社会资金投入，拓展培训基金的来源渠道。政府应加强就地城镇化的舆论宣传，用老百姓喜闻乐见的方式让农民增强对就地城镇化发展规律的认识，引导他们努力把自己放在就地城镇化主体位置上，帮助他们在社会转型时期用积极主动的心态实现从农民向市民的转变。目前，一些地方的失地农民得到了一笔可观的土地补偿款、分配到拆迁房后就不愿意出去工作，逐渐养成好逸恶劳的习惯，形成了不良的社会影响。各地应及时加强舆论引导，形成干事创业的良好社会氛围，帮助农业转移人口在转型过程中保持积极向上的人生观。要加强对先进典型的宣传力度，积极培育企业家精神，大力弘扬工匠精神，鼓励农业转移人口特别是年轻人积极投身创业、积极投身当工匠。社区教育是新城镇化进程中农民向市民转化的有效途径（谢琴，2016），要用多种形式加强对农业转移人口公共意识、卫生习惯等方面的教育，彻底实现生活方式城镇化。因为集中居住是城镇化的表面特征，而生活方式的现代化是城镇化的最终境界（杨建科，2016）。

就地城镇化新模式对我国教育体系的变革提出了新的更高的要求，建立适应城镇化需要的职业教育体系显得十分迫切。农业转移人口培训既要包括基本知识和技能培训，也要根据具体情况开展个性化教育培训，如针对某行业的知识技能培训、创业培训，针对产业升级和企业技术改造等开展订单培训、定向培训。对农业转移人口的培训包括：政府劳动部门组织的培训，高等职业技术学院和职业技师学院等组织的培训，社会教育培训机构组织的培训。要整合政府、社会、企业、高校的培训教育资源，构建简单、便捷、通俗的教育培训平台，让文化水平较低的农民也能接受培训教育。要加强师资队伍建设，通过灵活多样、通俗易懂的方式吸引更多的农民参加培训。要加强教材建设，根据农业转移人口就业的新需求编写培训内容，并将培训内容与素质教育结合起来，促进价值观、心理和文化情感与物理空间转换的同步变迁（杨建科，2016）。要充分利用新媒体或计算机网络开展教育培训，实现交互式学习，方便农业转移人口自主学习。

8.3.5　健全创业扶持体系，增强城镇内生发展动力

就地城镇化过程也应防止"农业内卷化"（Clifford Geertz，1963）和"打工内卷化"（吴业苗，2016）。鼓励农业转移人口就地创业是解决这一问题的重要途径，对提高就地城镇化质量具有重要意义。要根据自身特点研究鼓励农业转移人口创业的具体政策，构建富有鲜明地方特色的创业平台，降低农业转移劳动力创业"门槛"，鼓励他们通过创业带动更多的就业机会。

随着东部沿海发达地区劳动密集型产业向中西部地区转移，农民工回流给中西部地区就地城镇化注入了新动力（张甜等，2017）。农民工回流规模的扩大为我国中西部地区就地城镇化带来了重要的机遇，中西部地区应抓住机遇、科学规划、合理引导中小城镇发展。应加强县域主城区建设，同时发挥特色小城镇的支撑作用，适度发展农村新社区，让更多的农业转移人口有机会实现创业的梦想，使小城镇成为他们理想的创业乐园，进而带动更多人就业。要建立创业扶持体系，降低农业转移人口回乡创业的成本，创造条件吸引更多的农业转移人口返乡创业，带回资金、技术和城市文明。要大力发展农村金融，创新金融产品，增强创业资金供给能力，降低创业融资成本。

8.3.6　增强综合承载能力，助力农民市民化转型

城镇公共产品的供给是影响就地城镇化的重要因素。只有把小城镇的社会事业、公共产品服务搞好了，才能集聚人口等要素（李麦产，2017）。要加大基础设施和基本公共服务的投入，提高中小城镇市民的生活质量和水平，增强对人才的吸引能力。要加强中小城镇道路、供水、供气、环卫等基础设施建设，加快推进城乡一体化，建设生态、宜居的美丽城镇，提高中小城镇居民生活的舒适度与质量。要加强全县域师资的统筹，全面提升中小城镇基础教育质量，让中小城镇市民子女接受良好的义务教育。要健全县域医疗服务体系建设，提高与区域中心城市医疗资源的共享水平，让中小城镇居民享受更好的医疗服务。要加大就地城镇化过程中农业转移人口生产生活方式转变、素质能力提升等方面教育培训的投入力度，促进农民向市民的真正转型。

就地城镇化改变了原有的社会结构，需要重建城乡治理体系。农村新社区作为就地城镇化体系的末端，是社会治理的基本单元，肩负从"传统"向"现代"转型的使命（赵寿星，2014），承担着农民市民化的重要任务。要建立农村新社区建设标准，不仅要有水电气路等基础设施的建设标准，还应有文教体卫、购娱玩乐等配套设施的建设标准。要加强农村新社区服务平台建设，将政府提供的基本公共服务延伸到新社区，使农村新社区与城市基本公共服务无缝对接。要加强农村新社区文化建设，提升农业转移人口文化素质。要加强社区服务型党组织建设，健全党组织领导农村新社区工作的机制。要建立农村新社区党员服务平台，建立健全党员服务群众制度，提高党组织的组织力，把广大群众紧紧地团结在党的周围。要加强农村新社区管理委员会和议事监督委员会建设，完善农村新社区内部治理结构，提升新社区治理能力。要建立农村新社区志愿组织，并组织其参与社区管理与服务制度，鼓励入住农民积极参与志愿服务，培育他们的市民意识和公民精神。

8.3.7　加强政府职能转变，提升社会治理能力

在城镇化发展初期，一些地方政府往往扮演着主导者的角色，政府主导机

制已成为我国城镇化推进模式的最突出特征（李强等，2012），但这种推进模式也出现了财政负担过重、效率低下等问题。政府应加强职能转型，将资源配置主导者的角色让位于市场，重点承担起弥补市场失灵所带来缺陷的职责，如解决城镇化的无序混乱、环境破坏等问题。地方政府应该是平等、高效的公共服务提供者（国务院发展研究中心和世界银行联合课题组，2014），应为就地城镇化提供更多的公共产品，包括制度供给。在推进就地城镇化发展过程中，地方政府应该扮演"领导、动员和监督职能"，避免违背客观规律盲目攀比城镇化指标，更不能通过强征强拆的"圈地运动"使就地城镇化发生偏差。地方政府应遵循就地城镇化的发展规律，实施好就地城镇化发展战略，把握好就地城镇化发展方向，防止某种主观意志代替客观规律，偏离城镇化发展的目标宗旨。地方政府不应通过大规模举借地方债的方式投资基础设施，应善于通过财政金融政策手段进行宏观调控，运用市场力量引导企业、农民向中心镇、小城镇集聚，不断夯实就地城镇化的产业和人口基础。有些地方在社区建设和工业园区的开发上干预过多、介入太深，给地方财政带来很大的压力，城镇化的可持续性遇到较大的问题。地方政府应在就地城镇化制度供给和发展方向管控上发挥更积极有效的作用，发挥市场在土地、水资源等要素资源配置中的决定性作用，提高土地等公共资源的利用效率，克服重复建设、效率低下等问题。要不断优化地方政府考核办法，激发政府官员提供公共产品、保护生态环境的动力，防止因片面追求城镇化指标而忽略公共服务、生态环境建设。要牢固树立以人民为中心的发展理念，把人的城镇化放在首位，以农民的根本利益为城镇化的出发点和落脚点。对于一些特殊的情况，政府需要用"有形之手"推动就地城镇化，如对生存环境恶劣、生态脆弱地方的居民，政府要帮助他们搬迁到农村新社区或小城镇。这是中国特色社会主义城镇化发展的必然要求，体现了社会主义的本质要求，也是以人民为中心思想的具体体现。要正确认识政府在现代社会中的职能，牢固树立公平正义的理念，纠正对"三农"问题的不正确认识，以就地城镇化为抓手推进城乡一体发展，实现城乡之间的公平正义。

就地城镇化推动了社会结构的变迁，对传统的管理模式产生挑战，社会治理模式需要随之转型。要完善"党委领导、政府负责、社会协同、公众参与、法治保障"的模式，使党的领导进一步加强，政府的职能进一步转变，社会的协同进一步紧密，群众的参与进一步自觉。要加强地方党委对就地城镇化工作的领导，按照一切工作到支部的要求及时调整支部设置，提升支部工作的组织力，使党组织向群众宣传党的方针政策的机制和渠道更畅通、更有效。要适应就地城镇化发展需要，加强基层政权建设，推进乡镇管理体制改革，让中心镇拥有与其经济地位相适应的事权、财权和人权。要健全政治协商机制、利益表达机制和信息沟通机制，以"互联网＋"技术推进城乡治理体系建设，增加农业转移人口利益表达机会和拓展他们参与社会决策的渠道，不断提高农业转移人口政治参与和获得感，使社会与城镇化同步成长。需要特别强调的是，任何政策设计都应以科学指导、宏观指导为主，不能直接代替农民的决策意愿。成功的就地城镇化必须有广大农民的积极参与，让老百姓自愿选择喜欢的城镇化模式，自主决定留在农村或迁往城镇生活。因此，地方政府要充分尊重农民的主观意愿，尊重广大农民的选择权，调动农民的积极性。要做好宣传解释工作，让老百姓有充分的信息交流，并通过合法程序决定就地城镇化的重大事项。

参 考 文 献

[1] 2013 年高陵县统筹城乡发展工作领导小组办公室编印的《探索与实践——高陵县城乡发展一体化工作资料汇编》.

[2] [韩] 金荣美. 韩国新农村运动: 口述史的角度 [M]. 马安平, 邢丽菊, 译. 上海: 复旦大学出版社, 2015: 225 - 239.

[3] [日] 和泉洋人, 浅见泰司, 森地茂, 等. 日本的城镇化 [M]. 北京: 中信出版社, 2016.

[4] 蔡禾, 王进. "农民工" 永久迁移意愿研究 [J]. 社会学研究, 2007 (6): 86 - 113.

[5] 曹广忠, 刘涛. 中国省区城镇化的核心驱动力演变与过程模型 [J]. 中国软科学, 2010 (9): 86 - 95.

[6] 曹云, 周冠辰. 城镇化进程中乡土文化的保护困境与有效传承策略 [J]. 现代城市研究, 2013 (6): 31 - 34.

[7] 陈鹤松. 以人民为中心视角的中国新型城镇化动力机制与路径重构 [J]. 改革与战略, 2017 (1): 113 - 116.

[8] 陈明星, 陆大道, 张华. 中国城市化水平的综合测度及其动力因子分析 [J]. 地理学报, 2009 (4): 387 - 398.

[9] 陈强. 美国小城镇的特点及启示 [J]. 学术界, 2000 (2): 259 - 264.

[10] 陈玉兴, 李晓东. 德国、美国、澳大利亚与日本小城镇建设的经验与启示 [J]. 世界农业, 2012 (8): 80 - 84.

[11] 陈占锋. 我国城镇化进程中失地农民生活满意度研究 [J]. 国家行政学院学报, 2013 (1).

[12] 成艾华, 田嘉莉. 农民市民化意愿影响因素的实证分析 [J]. 中南民族大学学报 (人文社会科学版), 2014, 34 (1): 133 - 137.

[13] 程昊旸, 叶继红. 失地农民生活满意度的评价类型与机理研究 [J].

石家庄铁道大学学报（社会科学版），2011（9）.

[14] 程勉中. 新型城镇化战略下的农村基层服务型党组织建设：以苏南农村为例 [J]. 长春市委党校学报，2014（4）：24-28.

[15] 储德平. 中国城镇化发展机制：基于农村居民和农村企业迁移的微观视角 [D]. 杭州：浙江大学，2014.

[16] 崔光胜. 城镇化进程中失地农民生活满意度调查：基于湖北省若干县、市的分析 [J]. 云南行政学院学报，2014（2）.

[17] 戴卫国，等. 城镇建设的新路子：温州龙港镇集资建镇调查 [J]. 探索与争鸣，1986（6）：51.

[18] 但俊，阴劼. 中国县内人口流动与就地城镇化 [J]. 城市发展研究，2016（9）：88-93.

[19] 党高辉. 城镇化进程中的农村基层组织建构研究 [J]. 中国农业信息，2014（12）：154-156.

[20] 党进平. 美国小城镇发展与管理的几点启示 [J]. 宁夏财会，2000（5）：43-46.

[21] 丁明秀. 城镇化进程中农民利益表达的困境及其原因探析 [J]. 农业经济，2014（7）：94-96.

[22] 丁生喜，王晓鹏. 青藏高原少数民族地区特色城镇化动力机制分析：以环青海湖地区为例 [J]. 地域研究与开发，2012（2）：65-69.

[23] 丁省俊. 德国小城镇的发展道路及起始 [J]. 世界农业，2012（2）：60-65.

[24] 丁守海. 中国城镇发展中的就业问题 [J]. 中国社会科学，2014（1）：30-47.

[25] 范大平. 论全球化背景下的中国农村文化建设与城市文化建设的互动关系 [J]. 湖北社会科学，2005（4）：107-109.

[26] 方创琳，王德利. 中国城市化发展质量的综合测度与提升路径 [J]. 地理研究，2011（11）：1931-1946.

[27] 甘小文，黄小勇，胡宾. 城镇化对农民消费结构影响的实证研究 [J]. 企业经济，2011（6）：173-175.

[28] 高涛涛，张仲伍，等. 中部地区新型城镇化质量时空演变：以山西

省为例 [J]. 山西师范大学学报（自然科学版），2016（1）：67－74.

　　[29] 辜胜阻，易善策，李华. 中国特色城镇化道路研究 [J]. 中国人口资源环境，2009（1）：47－52.

　　[30] 桂江丰，马力，姜卫平，等. 中国人口城镇化战略研究 [J]. 人口研究，2012，36（3）：3－13.

　　[31] 郭长文. 美国小城镇观览 [J]. 经济论坛，1998（12）：44－45.

　　[32] 国家城调总队福建省城调课题组. 建立中国城市化质量评价体系及应用研究 [J]. 统计研究，2005（7）：15－19.

　　[33] 国务院发展研究中心和世界银行联合课题组. 中国：推进高效、包容、可持续的城镇化 [J]. 管理世界，2014（4）.

　　[34] 海明. 美国小城镇加设城墙 [J]. 城市问题，1983（3）：6－6.

　　[35] 何燕，周靖祥. 城市化与城镇化之辩：构建区域联运发展研究新框架 [J]. 重庆大学学报，2013，19（4）：1－12.

　　[36] 贺雪峰. 城市化的中国道路 [M]. 北京：东方出版社，2014.

　　[37] 贺雪峰. 论农村基层组织的结构和功能 [J]. 天津行政学院学报，2010，12（6）：45－61.

　　[38] 候为民、李林鹏. 新常态下我国城镇化的发展动力与路径选择 [J]. 经济纵横，2015（4）：11－16.

　　[39] 胡宝荣，李强. 城乡接合部与就地城镇化：推进模式和治理机制——基于北京高碑店村的分析 [J]. 人文杂志，2014（10）：105－114.

　　[40] 胡恒钊，文丽娟. 中国农村"就地城镇化"：发展态势、影响因素及路径选择：以广东、江西、湖北、四川四省为分析案例 [J]. 湖北行政学院学报，2015（5）.

　　[41] 胡杰成. 社会排斥与农民工的城市融入问题 [J]. 兰州学刊，2007（7）.

　　[42] 胡小芳，等. 新型城镇化中农村宅基地置换满意度研究：基于湖北省彭墩村的调查 [J]. 中国土地科学，2014（12）.

　　[43] 胡银根，等. 新型城镇化背景下农村就地城镇化的实践与思考：基于湖北省襄阳市4个典型村的调查 [J]. 华中农业大学学报（社会科学版），2014（6）.

［44］黄开腾.新型城镇化推进精准扶贫：内在逻辑及实现途径［J］.西部论坛，2013（1）：301 – 337.

［45］黄留国.中国特色城镇化道路：模式、动力与保障［J］.郑州大学学报（哲学社会科学版），2011（5）：76 – 80.

［46］黄亚平，林小如.欠发达山区县域新型城镇化动力机制探讨：以湖北省为例［J］.城市规划学刊，2012（4）：44 – 50.

［47］黄振华.城镇化进程中的农民需求：基于7687位农民的实证［J］.社会科学，2014（6）：57 – 62.

［48］晃增福，康顺光，邢小宁.新疆城镇化水平综合评价模型研究［J］.数学的实践与认识，2013（12）：87 – 91.

［49］季小妹，武红志.我国新型城镇化动力机制研究进展［J］.现代城市研究，2015（10）：60 – 64.

［50］贾淑军.城镇化中农户移居与农民工转户意愿研究：以河北唐山为个案［J］.经济管理，2012，34（11）：177 – 184.

［51］江克忠.行政支出、城市化与经济增长的动态计量分析［J］.公共管理学报，2010，7（1）：20 – 27.

［52］蒋贵凰，宋迎昌.中国东西部地区城镇化进程的对比研究［J］.当代经济管理，2011（4）：45 – 48.

［53］康栋.我国城市化进程中的失地农民边缘化问题研究［J］.复旦大学，2009.

［54］孔祥智.美国农村小城镇的发展［J］.中国改革，1999（7）：62 – 63.

［55］赖扬恩.坚持走有利于民生改善的中国特色城镇化道路［J］.中国人口·资源与环境，2013（23）.

［56］李奋生.城镇化过程中农民土地权益保护研究［J］.特区经济，2012（10）.

［57］李慧，马跃华.就地城镇化，突破口在哪？［N］.光明日报，2014 – 09 – 27（4）.

［58］李健，等.新型城镇化背景下的就地城镇化发展机制与路径［J］.学术月刊，2016（7）：89 – 98.

[59] 李金珊，等．三十岁的城市：龙港的孕育、诞生与发展 [M]．杭州：浙江大学出版社，2014．

[60] 李麦产．论新型城镇化背景下的乡镇转换 [J]．湖湘论坛，2017 (1)：97 –105．

[61] 李美洲，韩兆洲．城镇化和工业化对农民增收的影响机制 [J]．财贸研究，2007，18 (2)：25 –31．

[62] 李强，陈宇琳，刘精明．中国城镇化"推进模式"研究 [J]．中国社会科学，2012 (7)：82 –100．

[63] 李强，张莹，陈振华．就地城镇化模式研究 [J]．江苏行政学院学报，2016 (1)：52 –60．

[64] 李强．中国城市化进程中的"半融入"与"不融入" [J]．河北学刊，2011，31 (5)：106 –114．

[65] 李强．主动城镇化与被动城镇化 [J]．西北师大学报（社会科学版），2013 (6)：1 –8．

[66] 李强，等．就地城镇化模式研究 [J]．江苏行政学院学报，2016 (1)．

[67] 李强，等．就近城镇化与就地城镇化 [J]．广东社会科学，2015 (1)：186 –199．

[68] 李强，等．中国城镇化"推进模式"研究 [J]．中国社会科学，2012 (7)：82 –100．

[69] 李世泰，孙峰华．农村城镇化发展动力机制的探讨 [J]．经济地理，2006，26 (5)：815 –818．

[70] 李晓斌．以产业转型升级推进新型城镇化的动力机制研究 [J]．求实，2015 (2)：59 –64．

[71] 李晓曼．中国西部新型城镇化动力若干问题研究 [J]．改革与战略，2014 (3)：97 –100．

[72] 李晓梅，赵文彦．我国城镇化演进的动力机制研究 [J]．经济体制改革，2013 (3)：20 –24．

[73] 李子联．新型城镇化与农民增收：一个制度分析的视角 [J]．经济评论，2014 (3)：16 –25．

［74］厉以宁．中国应走农民"就地城镇化"道路［N］．光明日报，2013.

［75］梁洁．农村就地城镇化的自组织路径探索基于对山西蒲韩乡村社区的调查与思考［J］．实事求是，2014（5）：58－61.

［76］刘爱玉．中国第一座农民城：龙港镇的崛起和发展［J］．北京大学学报（哲学社会科学版），1990（4）：14－19.

［77］刘光卫．当代美国小城镇特征及其对我国小城镇发展的启示［J］．城市开发，1999（11）：31－34.

［78］刘建平，杨磊．中国快速城镇化的风险与城市治理转型［J］．中国行政管理，2014（4）：45－50.

［79］刘卫柏，陈柳钦，李中．农村土地流转问题新思索［J］．理论探索，2012（2）：96－99.

［80］刘文勇，杨光．以城乡互动推进就地就近城镇化发展分析［J］．经济理论与经济管理，2013（8）：17－23.

［81］刘西建．城乡发展一体化的"领头雁"：高陵县统筹城乡发展研究报告［M］．西安：陕西人民出版社，2013.

［82］刘新智，刘雨松，翟琼．新型城镇化进程中农民工的城镇满意度评价：基于川渝的调查研究［J］．宏观经济研究，2015（6）：71－78.

［83］刘亚臣，常春光，刘宁，赵亮．基于层次分析法的城镇化水平模糊综合评价［J］．沈阳建筑大学学报（自然科学版），2008（1）：132－136.

［84］刘艳．安徽城镇化发展中协调人地关系的政府行为［J］．内蒙古农业大学学报（社会科学版），2015（3）：39－43.

［85］刘玉侠，方森君．城镇化中农业人口非制度化政治参与分析［J］．浙江社会科学，2014（2）：78－83.

［86］刘振宇，魏旭红．我国城镇化动力机制研究进展：基于结构视角的文献综述［J］．区域经济评论，2013（3）：130－135.

［87］卢福营．近郊村落的城镇化：水平与类型：以浙江省9个近郊村落为例［J］．华中农业大学学报（社会科学版），2013（6）：18－25.

［88］卢红，等．农业与服务业协同推动的"就地城镇化"模式：甘肃省敦煌市案例［J］．地域研究与开发，2014（10）：160－170.

[89] 吕丹, 叶萌, 杨琼. 新型城镇化质量评价指标体系综述与重构 [J]. 财经问题研究, 2014 (9): 72 - 78.

[90] 吕文静. 论我国新型城镇化、农村劳动力转移与农民工市民化的困境与政策保障 [J]. 农业现代化研究, 2014, 35 (1): 57 - 61.

[91] 罗静良, 吴辉球, 杨华宏. 新型城镇化背景下壮大农村集体经济的思考 [J]. 现代经济信息, 2013 (17): 19 - 20.

[92] 马建新. 城镇化进程中农村基层党组织建设面临的挑战及对策 [J]. 中州学刊, 2016 (9): 12 - 17.

[93] 马力, 等. 珠三角地区城镇化典型模式、动力机制及经验启示 [J]. 南方农村, 2015 (4): 37 - 42.

[94] 马丽, 余志刚, 贾利. 农民参与城镇化发展的意愿分析: 基于哈尔滨市 5 县 (市) 的调研 [J]. 安徽师范大学学报 (自然科学版), 2013, 36 (3): 274 - 277.

[95] 马远, 龚新蜀. 城镇化、财政支农与农民收入增加的关系 [J]. 城市问题, 2010 (5): 60 - 66.

[96] 梅红霞. 社会保障: 新型城镇化背景下的路径选择 [J]. 中共中央党校学报, 2011, 15 (2): 66 - 69.

[97] 孟韬. 美国小城镇的兴起与发展 [J]. 小城镇建设, 1996 (1): 42.

[98] 牛晓春, 杜忠潮, 李同昇. 基于新型城镇化视角的区域城镇化水平评价: 以陕西省 10 个省辖市为例 [J]. 干旱区地理, 2013 (2): 354 - 363.

[99] 欧向军, 甄峰, 秦永东, 朱灵子, 吴泓. 区域城市化水平综合测度及其理想动力分析: 以江苏省为例 [J]. 地理研究, 2008 (5): 993 - 1002.

[100] 潘海生, 曹小锋. 就地城镇化: 一条新型城镇化道路: 浙江小城镇建设的调查 [J]. 政策瞭望, 2010 (9): 29 - 32.

[101] 潘素梅, 周立. 推进以村镇融合为特色的就地城镇化 [J]. 中州学刊, 2014 (11): 57 - 62.

[102] 戚晓旭, 杨雅维, 杨智尤. 新型城镇化评价指标体系研究 [J]. 宏观经济管理, 2014 (2): 51 - 54.

[103] 祁新华, 等. 乡村劳动力迁移的 "双拉力" 模型及其就地城镇化效应: 基于中国东南沿海三个地区的实证研究 [J]. 地理科学, 2012 (1).

［104］钱忠好.中国农村土地制度变迁和创新研究（三）［M］.北京：中国农业出版社，2010.

［105］秦晓微，朱天舒.韩国新村运动与我国统筹城乡发展之比较［J］.学术交流，2012（7）：81 - 84.

［106］丘正华.农村城镇化产生的生态环境危害及成因分析［J］.农村经济，2004（8）：73 - 75.

［107］萨茹拉.城乡二元结构、三农问题与城镇化关系研究［J］.财经理论研究，2013（6）：44 - 47.

［108］山东社会科学院省情研究中心课题组.就地城镇化的特色实践与深化路径研究：以山东省为例［J］.东岳论丛，2014（8）：130 - 135.

［109］沈翠珍等.新型城镇化的战略取向与就地城镇化模式研究［J］.武汉理工大学学报，2015（11）：1095 - 1099.

［110］石忆邵.中国新型城镇化与小城镇发展［J］.经济地理，2013（7）：47 - 52.

［111］宋艳姣.中国农民工返乡决策与就地城镇化路径探析［J］.兰州学刊，2017（2）：185 - 192.

［112］宋元梁，肖卫东.中国城镇化发展与农民收入增长关系的动态计量经济分析［J］.数量经济技术经济研究，2005，22（9）：30 - 39.

［113］孙玉玲，王明亮.就近就地城镇化问题研究［J］.城市观察，2014（5）：144 - 148.

［114］唐丽萍，梁丽.适用与限度：我国就地城镇化研究［J］.求实，2015（7）：63 - 69.

［115］藤玉成，等.山东省城镇化动力因素分析：兼与粤、闽、赣、晋四省的比较［J］.东南学术，2016（1）：144 - 151.

［116］田鹏，陈绍军.论村改居后村委会的功能嬗变［J］.湖北社会科学，2015（7）：23 - 28.

［117］涂圣伟.新型城镇化建设背景下我国农村产权制度改革研究［J］.经济纵横，2017（7）：40 - 46.

［118］汪国华.城镇化与城乡社会保障制度统筹发展研究［J］.天府新论，2013（2）：95 - 100.

［119］汪增洋，李刚．中部地区县域城镇化动力机制研究：基于中介效应模型的分析［J］．财贸研究，2017（4）：25 - 31.

［120］王德成，张领先，王志琴．城镇化水平计算方法比较分析［J］．农机化研究，2004（3）：61 - 66.

［121］王济川，郭志刚．Logistic 回归模型：方法及应用（第2版）［M］．北京：高等教育出版社，2004.

［122］王景全．农村就地城镇化的有益探索：河南新型农村社区建设的调查与思考［J］．洛阳师范学院学报，2004，33（3）：32 - 38.

［123］王景新，庞波．就近城镇化研究［M］．北京：中国社会科学出版社，2015.

［124］王婧翱．中国新型城镇化建设与人的发展的思考［J］．改革与战略，2013，29（9）：5 - 7.

［125］王立鹤，等．城市化发展驱动因素的实证研究：南京市与同类城市比较分析［J］．中国软科学，2004（1）：126 - 130.

［126］王新娜．20 世纪80 年代以来中国城市化动力机制的实证研究［J］．生产力研究，2011（6）：85 - 86.

［127］魏后凯，张燕．全面推进中国城镇化绿色转型的思路与举措［J］．经济纵横，2011（9）：15 - 19.

［128］吴春飞，等．就地城镇化地区的城中村研究：基于福建晋江市、石狮市8 个典型城中村的实证分析［J］．城市发展研究，2014，21（6）：86 - 91.

［129］吴琴．农户就地城镇化意愿影响因素的实证研究：重庆例证［J］．知识经济，2015（17）.

［130］吴耀，牛俊蒨，郝晋伟．区域城镇化综合发展水平评价研究：以陕西省为例［J］．西北大学学报（自然科学版），2009（6）：1042 - 1047.

［131］吴业苗．从"农业内卷化"到"打工内卷化"：人的城镇化困境与诉求［J］．河北学刊，2016（5）：186 - 191.

［132］吴业苗．转型期农民观念的嬗变及其发展路径［J］．唐都学刊，2010，26（3）：61 - 66.

［133］吴建武．新型城镇化：对过往城镇化的解构与超越［J］．理论视

野，2014（6）.

［134］项继权，王明为. 新型城镇化：发展战略、动力机制与创新突破［J］. 城市观察，2015（5）：5-11.

［135］谢尚行. 城镇化与地方政府债务问题探析［J］. 当代经济，2013（22）：76-77.

［136］谢振东. 国外和台湾地区城镇化的典型模式及其启示［J］. 国家行政学院学报，2013（3）：114-117.

［137］徐平华. 工业化和城市化对韩国新村运动的影响［J］. 求实，2006（10）：81-82.

［138］宣超，陈甬军. "后危机时代"农村就地城镇化模式分析［J］. 经济问题探索，2014（1）：122-126.

［139］宣朝庆. 政府如何主导新农村建设：基于韩国新村运动的分析［J］. 社会科学战线，2011（10）：186-191.

［140］严瑞河，刘春成. 北京郊区农民城镇化意愿影响因素的实证分析［J］. 中国农业大学学报（社会科学版），2014，31（3）：22-29.

［141］杨发祥. 新型城镇化的动力机制及其协同策略［J］. 山东社会科学，2014（1）：56-62.

［142］杨帆，卢周来. 中国的"特殊利益集团"如何影响地方政府决策：以房地产利益集团为例［J］. 管理世界，2010（6）：65-73.

［143］杨继学，杨磊. 论城镇化推进中的生态文明建设［J］. 河北师范大学学报（哲学社会科学版），2011，34（6）：152-156.

［144］杨建科. 新常态战略下的新型城镇化：选择动力与规避陷阱［J］. 城市发展研究，2016（7）：15-19.

［145］杨建科. 新常态战略下的新型城镇化：选择动力与规避陷阱［J］. 城市发展研究，2016，23（7）：15-20.

［146］杨萍. 新型城镇化背景下就地城镇化模式优化路径分析［J］. 商业时代，2014（17）：43-44.

［147］杨卫忠，李勇. 基于农户效用的农地承包经营权流转意愿研究：以嘉兴市"两分两换"为例［J］. 中国土地科学，2013，27（9）：64-70.

［148］杨新华. 分工演变视域中的农村城镇化动力机制研究［J］. 湘潭大

学学报（哲学社会科学版），2015（4）：69－73.

[149] 俞贺楠，蔡泽昊. 新型城镇化下农业转移人口养老保险参保需求及满意度研究：基于全国31省（自治区、直辖市）数据分析与实证研究 [J]. 兰州学刊，2015（7）.

[150] 宇闻. 从"城市化"到"城郊化"：美国纽约的百年变迁 [J]. 东北之窗：上半月，2007（11）.

[151] 曾维和. 当代西方政府改革创新的反思：走向一种"整体政府"的改革模式 [J]. 思想战线，2009（1）：98－103.

[152] 曾维和. 后新公共管理时代的跨部门协同：评希克斯的整体政府理论 [J]. 社会科学，2012（5）：36－47.

[153] 曾艳. 农民集中居住区党组织治理能力建设研究：以成都双流实践为例 [J]. 中共成都市委党校学报，2016（6）：35－39.

[154] 曾志伟，汤放华，易纯，宁启蒙. 新型城镇化新型度评价研究：以环长株潭城市群为例 [J]. 城市发展研究，2012（3）：1－4.

[155] 张贝贝. 城镇化满意度影响因素实证研究 [J]. 商业经济研究，2015（8）.

[156] 张本效，郑杭生. "就地上楼"：新型城镇化社区的实现形式 [J]. 甘肃社会科学，2014（5）：1－5.

[157] 张丙宣，赵光勇. 整体性政府视角下新型城镇化建设：以杭州市为例 [J]. 浙江海洋学院学报（人文科学版），2014（4）：63－69.

[158] 张斐男. 职业分化：农民市民化的必然选择 [J]. 开放导报，2012（1）：37－40.

[159] 张国玉. 中国新型城镇化的推进路径："就地城镇化"与行政区划调整 [J]. 四川行政学院学报，2014（1）：5－8.

[160] 张红宇. 城镇化进程中农村劳动力转移：战略抉择和政策思路 [J]. 中国农村经济，2011（6）：4－15.

[161] 张鸿雁. 论中国新型城镇化的优先战略选择："零失误城镇化战略"的理想类型与模式 [J]. 山东社会科学，2014（1）：49－55.

[162] 张雷. 社会保障、收入差距与城镇化：基于全国31省份数据的实证研究 [J]. 社会保障研究，2011（2）：93－98.

[163] 张立群. 我国城镇化推进精准扶贫：内在逻辑及实现途径 [J]. 西部论坛, 2013（1）：30 – 37.

[164] 张泰诚, 张小青. 中部地区城镇化的动力机制及路径选择研究 [J]. 经济问题, 2007, 330（2）：47 – 49.

[165] 张晓忠. "逆城市化" 对新型城镇化建设的影响及对策 [J]. 中国福建省委党校学报, 2014（2）：57 – 63.

[166] 张新光. 建国 60 年农民生活方式变迁的不协调性及成因 [J]. 经济社会体制比较, 2009（5）：44 – 50.

[167] 张雪绸. 我国农村环境污染的现状及其保护对策 [J]. 农村经济, 2004（9）：86 – 88.

[168] 张翼. 农业转移人口 "进城落户" 意愿与中国近期城市化道路的选择 [J]. 中国人口科学, 2011（2）：14 – 26.

[169] 张哲浩, 等. 小社区何以成就大战略：陕西平利县实施精准扶贫实现人的城镇化 [N]. 光明日报, 2016 – 8 – 6（1）.

[170] 张志英. 特殊区域农村土地流转中的农户利益补偿利益机制探索：以川东北高含硫气田安全隔离区建设为例 [J]. 农村经济, 2011（12）：44 – 46.

[171] 张子中. 被 "城市化" 的傲慢与偏见 [J]. 人民论坛, 2010（5）：52 – 53.

[172] 张自广. 农业转移人口职业技能培训共赢模式构建研究：基于供给侧视角 [J]. 河南教育（高教）, 2016（10）：34 – 36.

[173] 赵国锋, 段禄峰. 生态环境与西部地区城镇化发展问题研究 [J]. 生态经济, 2012（2）：165 – 169.

[174] 赵海. 人口城镇化的现实困境与路径选择：基于江西省南昌县的调查 [J]. 宏观经济研究, 2013（10）：6 – 11.

[175] 赵永平, 徐盈之. 新型城镇化发展水平综合测度与驱动机制研究：基于我国省际 2000—2011 年的经验分析 [J]. 中国地质大学学报（社会科学版）, 2014（1）：116 – 124.

[176] 郑文良, 经焱, 等. 德国小城镇规划建设 [J]. 城乡建设, 2006（5）：61 – 63.

［177］中共中央党校经济学教研部．中国新型城镇化调查［M］．北京：中共中央党校出版社，2014.

［178］中共中央宣传．习近平总书记系列重要讲话读本［M］．北京：学习出版社、人民出版社，2016.

［179］中国社会科学院《城镇化质量评估与提升路径研究》创新项目组．中国城镇化质量综合评价报告［J］．经济研究参考，2013（31）：3 – 32.

［180］钟顺昌．迁移式城市化与就地城镇化：兼论中国西部就地城镇化［J］．经济研究导刊，2013（3）：165 – 168.

［181］周庆智．城镇化建设与基层治理体制转型：基于中西部城镇化建设的实证分析［J］．政治学研究，2015（5）．

［182］周彦珍，李扬．英国、德国、法国城镇化发展模式．世界农业［J］，2013（12）：122 – 126.

［183］朱孔来，李俊杰．"半城镇化"现象及解决对策［J］．宏观经济研究，2012（9）：70 – 71.

［184］朱小静，唐国华．韩国新村运动：发展阶段、特定及启示［J］．农村经济，2006（9）：126 – 129.

［185］朱宇，等．中国的就地城镇化：理论与实证［M］．北京：科学出版社，2012.

［186］邹一南．城镇化的双重失衡与户籍制度改革［J］．经济理论与经济管理，2014（2）：39 – 49.

［187］Akan Smart, Josephine Smart. Urbanization And The Global Perspective ［J］. *Annu. Rev. Anthropo*, 2003, 32（1）1：263 – 285.

［188］Brian J. L. Berry. Urbanization and Counterurbanization in the United States ［J］. *The Annals of the American Academy of Political and Social Science*, 1980, 451（1）：13 – 20.

［189］Chen M. X., Lud D. and Zha L. S.. The Comprehensive Evaluation of China's Urbanization and Effects on Resources and Environment ［J］. *Journal of Geographical Sciences*, 2010, 20（1）：17 – 30.

［190］Cohen J., Cohen P., West S. G. and Leonal S. A.. *Apllied Multiple Regression/Correlation Analysis for the Behavioral Science* ［M］. Mahwah, New

Jersey: Lawrence Erlbaum Associates Publishers, 2003.

[191] Daniel T. Lichter, David L. Brown. Rural America in an Urban Socie-ty: Changing Spatial and Social Bounaries [J]. *Annu. Rev. Sociol*, 2011, 37 (1): 565 – 592.

[192] Hiroshi. Urbanization in the Republic of Korea and Taiwan: A NIEs Pattern [J]. *Developing Economies*, 1996, 34 (4): 447 – 469.

[193] Ivana Stavarová. The Development of Urbanization of the Northeast of the United States [D]. Czechoslovakia, 2007: 10 – 19.

[194] Juan Pablo Chauvin, Edward Glaeser, Yueran Maa, Kristina To-bio. What is different about urbanization in rich and poor countries? Cities in Brazil, China, India and the United States [J]. *Journal of Urban Economics*, 2016: 1 – 33.

[195] Kim Sukkoo. Industrialization and Urbanization: Did the Steam Engine Contribute to the Growth of Cities in the United States? [J]. *Explorations in Econom-ic History*, 2005, 42 (4): 586 – 598.

[196] Kim Sukkoo. Urban Development in the United States, 1690 – 1990 [J]. *Southern Economic Journal*, 2000, 66 (4): 855 – 880.

[197] Kingsley Davis. The Origin and Growth of Urbanization in the World [J]. *American Journal of Sociology*, 1955, 60 (5): 429 – 437.

[198] Perri 6, Diana Leat, Kimberly Seltzer and Gery Stoker. *Governing in the Round—Strategies for Holistic Government* [M]. London: De-mos, 2001: 60 – 61.

[199] Perri 6. *Holistic Government* [M]. London: Demos, 1997.

[200] Sang-Chuel Choe, Won Bae Kim, 2001. Globalization and Urbanization in the Republic of Korea [J]. *Catheterization & Cardiovascular Interventions*, 51 (1): 105 – 119.

[201] Thomas Kontuly Susan Wiard Roland Vogelsang. Couterurbanization in the Federal Republic of Germany [J]. *Professional Geographer*, 1986, 40 (1): 170 – 181.

[202] Wolfgang Kollman. The Process of Urbanization in Germany at the Height of the Industrialization Period [J]. *Journal of Contemporary History*, 1969, 4 (3): 59 – 76.

后 记

学问始于良知。良知就是人们内心深处坚守道德底线的价值判断。面对农业转移人口就地城镇化问题，我们课题组达成的共识是：农业转移人口是弱势群体，应在政策设计中确保他们的尊严、权利和主体性。无论你我，说到底都是农业转移人口，区别仅在于转移时间的先后。如何在确保农业转移人口的尊严、权利和主体性的基础上有序推进就地城镇化，是我们为自己设定的"以人为本"的研究立场。为了准确表达农业转移人口的利益诉求和美好生活愿望，我们组织了一个跨学科的研究团队，成员有经济学、管理学、社会学、统计学和法学等多个学科的专家学者。我们力求书中所写的事实、判断和结论能经得起专业的评判和考问。专著撰写分工如下：

黄文秀：第1章、第4~8章共6章的部分内容。

钱方明：第1章、第4章、第6~8章共5章的部分内容。

杨卫忠：第6章、第7章共2章的部分内容。

缪仁余：第2章。

肖建：第3章部分内容。

程秋萍：第3章、第4章共2章的部分内容。

向勇：第5章部分内容。

黄文秀负责全书统稿。

这本专著是在实地调研基础上写成的。实地调研的地方包括但不限于以下地区：浙江省嘉兴市海盐县，浙江省丽水市云和县，浙江省温州市苍南县龙港镇，陕西省西安市高陵区、富平县，河南省郑州市新郑市，韩国江陵市等。我们的调查不是走马观花，而是穿街走巷、入户访谈、问卷统计。我们同农业转移人口进行深入的交心、谈心，倾听他们关于美好生活的期许和下一代的憧憬，了解他们的抱怨和不安。交流得越多，就越容易明白，他们就是我们，我们也是他们。

这本专著是 2015 年国家社会科学基金重点项目"我国农业转移人口就地城镇化的理论、实践与政策研究"的研究成果。感谢全国哲学社会科学规划办公室的资助，让我们有机会开展深入的调查研究。感谢全国各地接受调研的政府部门、社区、村庄和各家农户，特别是时任海盐县委书记沈晓红等领导的大力支持。感谢各地嘉兴学院的校友，为联系调研、陪同调研作出的无私奉献。感谢钱文荣教授和王彦方博士的指导和帮助。你们的支持帮助，让我们践行了知行合一的理念。

与其说，我们从农业转移人口的社会实践中提炼了就地城镇化的理论，不如说，农业转移人口的社会实践为我们就地城镇化理论研究提供了启迪。农业转移人口就地城镇化的社会实践，描绘了中国特色社会主义的美丽画卷：龙港镇河底高村巨额、优质的村集体资产；海盐县的产城融合、教育公平和充分就业；高陵区城乡收入差距的不断缩小；新郑市推行 12 年城乡免费教育，确保进城落户农民子女与城镇学生统一教学与管理，等等。我们有理由相信，乡村振兴战略、区域协调发展战略必将硕果累累，就地城镇化必将稳步推进，农业转移人口的生活必将更加美好。

课题组

2018 年 4 月 30 日